OSCAR WILDE

Short Stories / Nouvelles

The Canterville Ghost
Le fantôme de Canterville

The Model Millionaire
Le millionnaire modèle

The Happy Prince
Le Prince Heureux

Introduction, traduction et notes par

Gérard HARDIN
Agrégé d'anglais

POCKET

Sommaire

Prononciation

Sons voyelles

[ɪ] **pit**, un peu comme le *i* de *site*

[æ] **flat**, un peu comme le *a* de *patte*

[ɒ] ou [ɔ] **not**, un peu comme le *o* de *botte*

[ʊ] ou [u] **put**, un peu comme le *ou* de *coup*

[e] **lend**, un peu comme le *è* de *très*

[ʌ] **but**, entre le *a* de *patte* et le *eu* de *neuf*

[ə] jamais accentué, un peu comme le *e* de *le*

Voyelles longues

[i:] **meet** [mi:t] cf. *i* de *mie*

[ɑ:] **farm** [fɑ:m] cf. *a* de *larme*

[ɔ:] **board** [bɔ:d] cf. *o* de *gorge*

[u:] **cool** [ku:l] cf. *ou* de *mou*

[ɜ:] ou [ə:] **firm** [fə:m] cf. *e* de *peur*

Semi-voyelle :

[j] **due** [dju:], un peu comme *diou...*

Diphtongues (voyelles doubles)

[aɪ] **my** [maɪ], cf. *aïe !*
[ɔɪ] **boy**, cf. *oyez !*
[eɪ] **blame** [bleɪm] cf. *eille* dans *bouteille*
[aʊ] **now** [naʊ], cf. *aou* dans *caoutchouc*

[əʊ] ou [əu] **no** [nəʊ], cf. *e* + *ou*
[ɪə] **here** [hɪə] cf. *i* + *e*
[eə] **dare** [deə] cf. *é* + *e*
[ʊə] ou [uə] **tour** [tʊə] cf. *ou* + *e*

Consonnes

[θ] **thin** [θɪn], cf. *s* sifflé (langue entre les dents)
[ð] **that** [ðæt], cf. *z* zézayé (langue entre les dents)
[ʃ] **she** [ʃi:], cf *ch* de *chute*

[ŋ] **bring** [brɪŋ], cf. *ng* dans *ping-pong*
[ʒ] **measure** ['meʒə], cf. *j* de *jeu*
[h] le *h* se prononce ; il est nettement <u>expiré</u>

* indique que le *r*, normalement muet, est prononcé en liaison ou en américain

© Langues pour tous/Pocket, Département d'Univers Poche, pour la traduction française, les notes et la présentation.
Nouvelle édition 1999.

ISBN 2-266-09265-0

Comment utiliser la série « Bilingue » ?

Les ouvrages de la série « Bilingue » permettent aux lecteurs :

• d'avoir accès aux versions originales de textes célèbres, et d'en apprécier, dans les détails, la forme et le fond, en l'occurrence, ici, des nouvelles d'Oscar Wilde ;

• d'améliorer leur connaissance de l'anglais, en particulier dans le domaine du vocabulaire dont l'acquisition est facilitée par l'intérêt même du récit, et le fait que mots et expressions apparaissent en situation dans un contexte, ce qui aide à bien cerner leur sens.

Cette série constitue donc une véritable méthode d'auto-enseignement, dont le contenu est le suivant :

• page de gauche, le texte en anglais ;

• page de droite, la traduction française ;

• bas des pages de gauche et de droite, une série de notes explicatives (vocabulaire, grammaire, rappels historiques, etc.).

Les notes de bas de page et la liste récapitulative à la fin de l'ouvrage aident le lecteur à distinguer les mots et expressions idiomatiques d'un usage courant et qu'il lui faut mémoriser, de ce qui peut être trop exclusivement lié aux événements et à l'art de l'auteur.

A la fin de chaque nouvelle une page de révision offre au lecteur une série de phrases types, inspirées du texte, et accompagnées de leur traduction. Il faut s'efforcer de les mémoriser.

Il est conseillé au lecteur de lire d'abord l'anglais, de se reporter aux notes et de ne passer qu'ensuite à la traduction ; sauf, bien entendu, s'il éprouve de trop grandes difficultés à suivre le texte dans ses détails, auquel cas il lui faut se concentrer davantage sur la traduction, pour revenir finalement au texte anglais, en s'assurant bien qu'il en a maintenant maîtrisé le sens.

Signes et principales abréviations

Gérard HARDIN, professeur agrégé d'anglais, enseigne en classes préparatoires (Lycée Bessières) et à l'Institut Britannique de Paris. Il a été Président de l'A.P.L.V. (Association des Professeurs de Langues Vivantes) et de la F.I.P.L.V. (Fédération Internationale des Professeurs de Langues Vivantes.)
Il a publié *La Passion de Wilfred Owen* (*Esprit*, sept. 1961). Il est coauteur de l'ouvrage *La Pédagogie de l'anglais* (Antier, Girard, Hardin), Hachette, Paris, 1973, et a dirigé la publication de la collection Hardin-Ruard, à la même librairie : *Today* série de manuels de 2ᵉ, 1ʳᵉ, Terminale (1973-1975) ; *Topics* - Anglais BEP (1976).
Dans la collection « Les Langues pour Tous », il a traduit et adapté *A Practical English Grammar* (A.J. Thomson et A.V. Martinet-Oxford University Press) sous le titre *Grammaire de l'anglais d'aujourd'hui* (1984). Il a publié *The Importance of Being Earnest* (Oscar Wilde) — introduction, traduction et notes (Bilingue), 1986. - *The Bestiary*, 5 nouvelles de Patricia Highsmith - Introduction, traduction et notes (Bilingue), 1987.

Introduction

Lorsque paraissent *The Canterville Ghost, The Model Millionaire* et *The Happy Prince*, en l'espace de quelques mois, Wilde n'est pas encore le très brillant auteur dont les pièces s'imposent sur les scènes de Londres, mais, déjà, il fascine les salons par son esprit et son art de la conversation, et quelquefois inquiète par le cynisme léger et pétillant du regard qu'il porte sur le monde. Passé le cap de la trentaine, c'est un poète déjà fécond, nourri de belles-lettres, riche d'une tournée en Amérique et d'un séjour à Paris, lancé dans le monde des arts et des lettres, qui cultive avec délectation son image d'esthète distingué, d'artiste dont l'élégance vestimentaire s'orne d'un brin de provocation, qui professe ne reconnaître qu'une valeur, le beau — par essence inutile —, et n'avoir qu'une fonction, comme le peintre Alan Trevor dans *The Model Millionaire* : « représenter le monde tel qu'il le voit, non le réformer tel qu'il le connaît ».

On trouvera, dans ces trois contes, de nombreux indices de ces traits caractéristiques de Wilde, mais deux choses méritent plus particulièrement notre attention, dans la mesure où elles éclaireront d'un jour poignant ce que sera la tragédie de l'homme et de l'artiste. La première est, si l'on veut, une esquisse déjà vigoureuse de son art de l'écriture et du jeu littéraire. *The Model Millionaire* constitue comme le scénario et l'ébauche d'une future comédie : même milieu, mêmes types de personnages, grâce auxquels l'auteur fait, en quelque sorte, ses gammes de dialoguiste. Moins évident dans *The Happy Prince*, ce trait n'en est pourtant pas absent et se trouve à chaque fois que l'on voit ou entend les personnages de la ville. *The Canterville Ghost* est, de ce point de vue, beaucoup plus riche et plus élaboré. Le jeu littéraire s'y manifeste dans le pastiche du roman gothique, du style épique, de la chronique. Les personnages prennent forme autant par le dialogue que par le portrait, et le fantôme, magistrale création « hylo-idéaliste » s'il en fut — pour reprendre l'expression de Wilde —, est, à son corps défendant, mobilisé dans une aimable satire des Américains et de l'aristocratie anglaise, qui n'en dénigre pas les solides vertus. C'est sans aucun doute cet heureux mélange, que l'auteur, on le sent constamment, prend plaisir à composer, qui explique l'immense notoriété de ce conte.

La deuxième chose, pour être moins évidente, n'en est pas moins frappante, car elle nous révèle mieux le cœur de l'homme Wilde que les dons de l'artiste. On entend dans ces trois contes — même dans *The Model Millionaire* dont la morale pourrait prosaïquement être « aux innocents les mains pleines » — une sorte d'hymne à l'innocence. Innocence qui ne signifie pas ignorance, mais pureté du cœur. Virginia ramenant à la raison et au repos l'irascible Sir Simon est, comme le dit naïvement le petit duc, l'incarnation d'un ange. Le Prince Heureux et le Martinet, grâce au merveilleux du conte, deviennent les héros d'une parabole de la charité.

Dans sa préface à *The Picture of Dorian Gray*, Oscar Wilde a écrit, parmi une longue liste d'aphorismes sur l'art :

All art is at once surface and symbol. •
Those who go beneath the surface do so at their peril.
Those who read the symbol do so at their peril.

(« Tout art est à la fois surface et symbole. Ceux qui cherchent sous la surface le font à leurs risques et périls. Ceux qui interprètent le symbole le font à leurs risques et périls. »)

Prenons ces risques, bien minces il est vrai. Nous percevons, chez Wilde, cette confrontation du « chant de l'expérience » et du « chant de l'innocence », selon les termes du poète mystique William Blake*. Relire Wilde et ses contes, ce n'est pas seulement se livrer au plaisir renouvelé que procure un fascinant conteur, c'est comprendre, chaque fois de manière plus sensible, qu'il y a en lui une mystique de l'innocence, inspirée, qui sait ? par le souvenir secret de cette petite sœur qui lui fut ravie quand il avait dix ans, innocente des promiscuités de la vie qui le briseront.

Gérard HARDIN

---

* William Blake (1757-1827) poète et graveur Il appartient aussi à cette génération où le roman gothique devint extrêmement populaire (*Frankenstein* a été écrit en 1818 par Mary Shelley).

Chronologie

1854	16 octobre, naissance d'Oscar Wilde à Dublin.
1871-1874	Études à Trinity College, Dublin.
1874	Études à Magdalen College, Oxford.
1878	**Ravenna,** poème pour lequel lui est attribué le prix Newdigate.
1881	**Poems. Vera,** première pièce de Wilde, est retirée de l'affiche à la veille de la première.
1881-1883	Wilde fait une tournée de conférences aux États-Unis, sur le thème de l'esthétique, puis il fait un séjour à Paris, où il rencontre les Goncourt, Daudet, Hugo ; il fait ensuite une tournée de conférences en Angleterre.
1884	Il épouse Constance Lloyd, fille d'un riche avocat de Dublin, et s'installe à Chelsea.
1885	Il collabore à la **Pall Mall Gazette**. Naissance de son premier fils, Cyril.
1886	Naissance de son second fils, Vivian.
1887	Wilde est rédacteur de **Women's World**. Publication de **The Canterville Ghost** (23 février et 2 mars) dans **The Court and Society Review**. Publication de **The Model Millionaire,** le 22 juin, dans **The World**.
1888	Publication de **The Happy Prince**, et autres contes.
1891	Il fait paraître **Intentions**, recueil d'essais, **The Picture of Dorian Gray**, et **The House of Pomegranates**. second recueil de contes.
1892	Le 22 février, première, au St-James's Theatre de Londres, de **Lady Windermere's Fan**.
1893	Publication de **Lady Windermere's Fan**. Le 19 avril, au Haymarket Theatre de Londres, première de **A Woman of No Importance**. Il publie en français **Salomé**. pièce écrite pour Sarah Bernhardt.
1894	Publication de **A Woman of No Importance**. Publication en anglais de la traduction de **Salomé** par Lord Alfred Douglas.
1895	3 janvier, première de **An Ideal Husband**, au Haymarket Theatre de Londres. 14 février, première de **The Importance of Being Earnest** au St-James's Theatre.

Wilde est condamné à deux ans de prison pour corruption de mineur, sur plainte du marquis de Queensberry, père de Lord Alfred Douglas.

Incarcéré à Reading, il écrit **Epistola in Carcere et Vinculis**, lettre à Alfred Douglas, qui sera publiée ultérieurement sous le titre **De Profundis**.

The Canterville Ghost
A Hylo[1]-idealistic Romance

Le fantôme de Canterville
Conte hylo-idéaliste

When Mr Hiram B. Otis, the American Minister[2], bought Canterville Chase, every one told him he was doing a very foolish thing, as there was no doubt at all that the place was haunted. Indeed, Lord Canterville himself, who was a man of the most punctilious honour, had felt it his duty to[3] mention the fact to Mr Otis, when they came to discuss terms.

"We have not cared to live in the place ourselves", said Lord Canterville, "since my grand-aunt, the Dowager Duchess of Bolton, was frightened into a fit[4], from which she never really recovered, by two skeleton hands being placed on her shoulders as she was dressing for dinner, and I feel bound to tell you, Mr Otis, that the ghost has been seen by several living members of my family, as well as by the rector of the parish, the Rev. Augustus Dampier, who is a fellow[5] of King's College, Cambridge. After the unfortunate accident to the Duchess, none of our younger[6] servants would stay with us, and Lady Canterville often got very little sleep[7] at night, in consequence of the mysterious noises that came from the corridor and the library[8]."

"My Lord[9]", answered the Minister, "I will take the furniture and the ghost at a valuation[10]. I come from a modern country, where we have everything that money can buy; and with all our spry young[11] fellows painting the Old World red[12], and carrying off your best actresses and prima-donnas, I reckon that if there were such a thing as a ghost in Europe, we'd have it at home in a very short time in one of our public museums, or on the road as a show[13]."

___

1. **hylo-idealistic :** dérivé du grec hulé, *matière*.
2. **the American Minister :** le *ministre* est un diplomate accrédité auprès d'un État, d'un rang inférieur à celui d'ambassadeur.
3. △ **felt it his duty to :** noter la construction **feel it** + **his duty** + **to** infinitif. On la trouvera aussi avec **find**, de même qu'on trouvera **feel/find it** + adj. + **to** infinitif : He felt it necessary to mention the fact, *il estima nécessaire de mentionner le fait*.
4. △ **frightened into a fit : into** introduit la notion d'état résultant de l'action **frighten**. Même chose pour **out of**.
5. △ **fellow :** désigne ici une personnalité qui fait partie du conseil d'administration (**governing body**) de certaines universités.

Quand Mr Hiram B. Otis, le ministre américain, acheta Canterville Chase, chacun lui dit qu'il commettait une bien grande folie, car il ne faisait aucun doute que cette demeure était hantée. A vrai dire, Lord Canterville lui-même, homme des plus pointilleux sur le chapitre de l'honneur, s'était fait un devoir de lui signaler la chose quand était venu le moment de discuter des conditions.

« Nous ne tenons pas à y résider nous-mêmes, déclara Lord Canterville, depuis que ma grand-tante, la duchesse douairière de Bolton, terrorisée par deux mains de squelette qui se posèrent sur ses épaules alors qu'elle s'habillait pour le dîner, fut prise d'une attaque dont elle ne se remit jamais tout à fait, et je me sens tenu de vous dire, cher monsieur, que le fantôme a été vu par plusieurs membres de ma famille de leur vivant, ainsi que par le recteur de la paroisse, le Révérend Augustus Dampier, qui est administrateur du King's College de Cambridge Après le malheureux accident dont fut victime la duchesse, personne, parmi nos jeunes domestiques, ne voulut rester à notre service, et Lady Canterville passa bien des nuits sans pratiquement dormir à cause de bruits mystérieux qui venaient du couloir et de la bibliothèque. »

« My Lord, répondit le ministre, je prendrai le mobilier et le fantôme au prix fixé par l'expert. Je viens d'un pays moderne, où nous avons tout ce qu'il est possible d'acheter ; et avec tous nos jeunes gaillards qui viennent faire ¹la noce dans le Vieux Monde, enlever vos meilleures actrices et vos plus grandes prime donne, je crois que s'il existait un fantôme en Europe, il se retrouverait chez nous en un rien de temps, dans l'un de nos musées ou montré sur les foires. »

---

6. ⚠ **younger** : le comparatif indique que l'on divise les domestiques en deux catégories (les plus jeunes et les moins jeunes)
7. **often got very little sleep** : « *avait souvent très peu de sommeil* ».
8. **library** : *bibliothèque*. Librairie : **bookshop**.
9. **my Lord** : il est d'usage de conserver cette formule de politesse qui se prononce [mɪˈlɔːd] (d'où le français *milord*).
10. **at a valuation : valuation** : *estimation* par un expert (**valuer**).
11. **spry young fellows** : *very lively and active young men.*
12. **to paint the Old World red** : dérivé de l'expression américaine **to paint the town red** : *faire la noce* (faire une sortie en ville copieusement arrosée : « *peindre la ville en rouge* »).
13. **on the road as a show** : « *sur la route en tant que spectacle* » ; **to be on the road**, *être en tournée* (cirque, troupe de comédiens).

"I fear that the ghost exists", said Lord Canterville, smiling, "though it may have resisted the overtures [1] of your enterprising [2] impresarios. It has been well known [3] for three centuries, since 1584 in fact, and always makes its appearance before the death of any member of our family."

"Well, so does the family doctor for that matter [4], Lord Canterville. But there is no such thing, sir, as [5] a ghost, and I guess the laws of nature are not going to be suspended for the British aristocracy."

"You are certainly very natural [6] in America", answered Lord Canterville, who did not quite understand Mr Otis's last observation, "and if you don't mind a ghost in the house, it is all right. Only you must remember I warned you."

A few weeks after this, the purchase was completed [7], and at the close of the season [8] the Minister and his family went down [9] to Canterville Chase. Mrs Otis, who, as Miss Lucretia R. Tappan, of West 53rd Street, had been a celebrated New York belle, was now a very handsome middle-aged woman, with fine eyes, and a superb profile. Many American ladies on leaving [10] their native land adopt an appearance of chronic ill-health, under the impression that it is a form of European refinement, but Mrs Otis had never fallen into this error. She had a magnificent constitution, and a really wonderful amount of animal spirits [11]. Indeed, in many respects, she was quite English, and was an excellent example of the fact that we have really everything in common with America nowadays, except, of course, language.

---

1. **overtures** ['əʊvətjʊəz] : *propositions* (d'ordre commercial), comme le suggère **enterprising impresarios**.

2. **enterprising** = full of enterprise ; enterprise, *esprit d'entreprise*.

3. △ **it has been well known... it makes** : le present perfect est normalement associé aux deux compléments **for** + durée et **since** + origine ; **makes** (présent) est associé à **always**, exprimant ainsi une propriété permanente du fantôme.

4. **so does the family doctor for that matter** : the family doctor, too, appears before the death of a member of the family. **For that matter** : « *pour ce qui est de cette question* ».

5. **there is no such thing as** : « *il n'existe pas de chose telle que* ».

6. **you are very natural** : « *vous êtes très naturels.* » **Natural** peut évidemment être pris dans le sens de **uncultured**.

« J'ai bien peur que le fantôme n'existe, dit Lord Canterville en souriant, mais il a peut-être résisté aux propositions de vos entreprenants imprésarios. Cela fait trois siècles qu'on le connaît, depuis 1584, en fait, et il apparaît toujours quelque temps avant la mort d'un membre ou l'autre de notre famille. »

« Allons, c'est aussi ce que fait le médecin de famille, en l'occurrence, Lord Canterville. Mais les fantômes, monsieur, cela n'existe pas, et ce n'est pas, je pense, pour plaire à l'aristocratie britannique que les lois de la nature vont cesser de s'appliquer. »

« En Amérique, c'est certain, vous vous en tenez à l'état de nature », répliqua Lord Canterville qui ne comprenait pas très bien la dernière remarque de Mr Otis, « et si la présence du fantôme ne vous dérange pas, c'est parfait. Seulement n'oubliez pas que je vous aurai prévenu. »

Quelques semaines plus tard l'affaire fut conclue et, à la fin de la saison mondaine, le ministre et sa famille vinrent s'établir à Canterville Chase. Mrs Otis, qui, lorsqu'elle s'appelait Miss Lucretia R. Tappan, de la 53ᵉ Rue Ouest, avait été l'une des beautés célèbres du Tout-New York, était maintenant une belle femme parvenue à la maturité, avec de jolis yeux et un profil superbe. Nombre d'Américaines, lorsqu'elles quittent leur pays natal, prennent des mines de malade chronique, persuadées qu'il s'agit là d'une forme de raffinement européen, mais Mrs Otis n'était jamais tombée dans cette erreur. Elle était de constitution florissante et possédait une merveilleuse vitalité. En réalité, à bien des égards, elle était tout à fait anglaise, et son exemple montrait d'excellente façon que rien aujourd'hui ne nous distingue, nous Anglais, des Américains, à l'exception, évidemment, de la langue.

---

7. ▲ **completed** : **to complete** a souvent le sens de *achever, terminer*. **And to complete his happiness,** *et pour comble de bonheur* ; **and just to complete things,** *et pour couronner le tout*. **To complete a form,** *remplir un formulaire*. *Compléter* pourra se dire, suivant le cas, **to supplement** (une documentation, des connaissances), **to add to** (une collection), **to complement** (**we complement one another,** *nous nous complétons*).

8. **the close of the season** : **close** dans le sens de *fin* se prononce [kləʊz]. **Season :** *saison mondaine*.

9. **went down** : **down** indique simplement que l'on quitte Londres pour aller séjourner à la campagne ou en province.

10. ▲ **on leaving** : **on** + **-ing**, traduit par *en* + part. prt., ne peut exprimer qu'une relation de temps *(au moment où)*.

11. **animal spirits** : « *esprits animaux* » = *exubérance, vitalité*.

Her eldest [1] son, christened Washington by his parents in a moment of patriotism, which he never ceased to regret, was a fair-haired, rather good-looking young man, who had qualified himself for American diplomacy by leading the German [2] at the Newport Casino for three successive seasons, and even in London was well known as an excellent dancer. Gardenias and the peerage were his only weaknesses. Otherwise he was extremely sensible [3]. Miss Virginia E. Otis was a little girl of fifteen, lithe and lovely as a fawn [4], and with a fine freedom in her large blue eyes. She was a wonderful amazon, and had once raced old Lord Bilton [5] on her pony twice round the park, winning by a length and a half, just in front of Achilles statue, to the huge delight of the young Duke of Cheshire, who proposed to her on the spot, and was sent back to Eton that very night by his guardians, in floods of tears. After Virginia came the twins, who were usually called "The Stars and Stripes [6]" as they were always getting swished. They were delightful boys, and with the exception of the worthy Minister the only true republicans of the family.

As Canterville Chase is seven miles from Ascot, the nearest railway station, Mr Otis had telegraphed for a waggonette [7] to meet them, and they started on their drive in high spirits. It was a lovely July evening, and the air was delicate with the scent of the pinewoods. Now and then they heard a wood pigeon brooding over [8] its own sweet voice, or saw, deep in the rustling fern, the burnished [9] breast of the pheasant.

---

1. ▲ **eldest :** forme particulière du superlatif de **old** (pour les frères et sœurs). Le superlatif indique aussi qu'il y a plus de deux fils. **Her elder son,** *l'aîné de ses deux fils.*
2. **leading the German : the German** est une danse, appelée aussi **cotillion,** au cours de laquelle les couples changent de partenaires.
3. ▲ **sensible :** *raisonnable. Sensible* se dira **sensitive** ou, dans le sens de « *qui se voit* », **noticeable, perceptible.**
4. **lithe as a fawn :** [laið] ; [fɔːn]. Noter la construction de cette comparaison imagée avec un seul **as. He is strong as a horse,** *il est fort comme un Turc (comme un cheval).*
5. **raced old Lord Bilton :** to race sbd/sth, *faire la course avec qqun/qqch.* Noter l'absence d'article devant le nom propre précédé d'un adjectif.

L'aîné de ses fils, que ses parents avaient baptisé Washington dans un accès de ferveur patriotique — ce qu'il ne cessa jamais de regretter —, était un jeune homme blond d'assez belle prestance qui s'était préparé à une carrière dans la diplomatie américaine en menant le quadrille à l'allemande pendant trois saisons successives au casino de Newport, et qui, même à Londres, avait la réputation d'être un excellent danseur. Ses seules faiblesses étaient sa passion des gardénias et sa passion des titres de noblesse. Mais c'était par ailleurs un garçon plein de bon sens. Miss Virginia E. Otis était une fillette de quinze ans, agile et jolie comme un faon, avec de grands yeux bleus où brillait un bel esprit d'indépendance. C'était une merveilleuse écuyère qui, un jour, en selle sur son poney, avait fait la course avec le vieux Lord Bilton, et l'avait emporté d'une longueur et demie après deux tours de parc, juste devant la statue d'Achille, à la grande joie du jeune duc de Cheshire qui lui fit sur-le-champ sa demande en mariage et fut le soir même renvoyé à Eton par ses tuteurs, versant des torrents de larmes. Après Virginia, venaient les jumeaux, que l'on surnommait d'ordinaire « Stars and Stripes » tant ils avaient les fesses zébrées de coups de trique. C'étaient deux charmants garçons et, si l'on excepte le digne ministre, les seuls vrais républicains de la famille.

Comme Canterville Chase est à sept milles d'Ascot, la gare la plus proche, Mr Otis avait télégraphié que l'on envoyât un break pour les chercher, et ils se mirent en route dans d'excellentes dispositions. C'était par une de ces belles soirées de juillet où l'air s'est délicatement imprégné de l'odeur des pins. De temps à autre on entendait un pigeon ressasser ses tendres roucoulades, ou l'on apercevait dans la profondeur des fougères bruissantes l'étincelant plastron d'un faisan.

---

6. **the Stars and Stripes :** « *les étoiles et les bandes* ». Nous gardons ces termes dans la traduction puisqu'il s'agit de noms propres. L'expression désigne d'abord le drapeau américain avec ses étoiles (une par État) et ses treize bandes horizontales (sept rouges et six blanches, symbolisant les treize États d'origine). Les marques rouges sur les fesses des jumeaux, consécutives aux coups de trique, font penser au drapeau américain.

7. **waggonette :** voiture découverte à quatre roues, dont les sièges sont disposés en longueur. Ce que nous appelons aujourd'hui *break* se dit **estate car** ou, en américain, **station wagon**.

8. **brooding over :** to brood over the past, *ressasser le passé*. C'est la sonorité du verbe (évoquant le roucoulement) qui explique son choix.

9. **burnished : to burnish :** to polish a metal so as to make it shine.

Little squirrels peered at them from the beech-trees as they went by [1], and the rabbits scudded [2] away through the brushwood and over the mossy knolls [3], with their white tails in the air. As they entered the avenue of Canterville Chase, however, the sky became suddenly overcast with clouds [4], a curious stillness seemed to hold the atmosphere, a great flight of rooks passed silently over their heads, and before they reached the house, some big drops of rain had fallen.

Standing on the steps to receive them was an old woman, neatly dressed [5] in black silk, with a white cap and apron. This was Mrs Umney, the housekeeper [6], whom Mrs Otis, at Lady Canterville's earnest request [7], had consented to keep on in her former position. She made them each a low curtsey as they alighted, and said in a quaint, old-fashioned manner, "I bid you welcome to Canterville Chase." Following her, they passed through the fine Tudor [8] hall into the library, a long, low room, panelled [9] in black oak, at the end of which was a large stained-glass window. Here they found tea laid out for them, and, after taking off their wraps [10], they sat down and began to look round, while Mrs Umney waited on [11] them.

Suddenly Mrs Otis caught sight of a dull red stain on the floor just by the fireplace and, quite unconscious of what it really signified, said to Mrs Umney, "I am afraid something has been spilt there."

"Yes, madam", replied the old housekeeper in a low voice, "blood has been spilt on that spot."

---

1. **they went by :** bien que cela soit grammaticalement possible, **they** ne renvoie pas aux écureuils, mais aux voyageurs.
2. **scudded : to scud,** *filer.* Se dit souvent des nuages : **the clouds were scudding across the sky,** *les nuages couraient dans le ciel.* Pour un bateau, **to scud,** *filer vent arrière.*
3. **knolls :** ['nəʊlz].
4. **overcast with clouds : overcast** peut s'employer sans que l'on précise **with clouds. The grey overcast sky,** *le ciel gris et couvert.* **The weather stayed overcast,** *le temps est resté couvert.*
5. **neatly dressed : neatly** évoque les notions de soin, d'ordre et de propreté.
6. **housekeeper :** personne chargée des soins de l'« intendance ».
7. **earnest request :** *demande pressante.* **Earnest prayer,** *prière fervente.* **Earnest desire,** *désir sincère.* En parlant d'une personne **earnest** signifie *sérieux, consciencieux.*

Perchés dans les hêtres, de petits écureuils les observaient au passage, et les lapins détalaient dans les taillis et par-dessus les tertres moussus, dressant leur petite queue blanche. Lorsqu'ils s'engagèrent dans l'allée qui menait à Canterville Chase, cependant, le ciel se couvrit soudain, une impression de calme étrange sembla envahir l'atmosphère, un grand vol de corneilles passa, silencieux, dans les airs, et ils n'avaient pas atteint le manoir que de grosses gouttes s'étaient mises à tomber.

Debout sur les marches pour les recevoir, se tenait une vieille femme vêtue d'une irréprochable robe de soie noire, avec un bonnet et un tablier blancs. C'était Mrs Umney, la gouvernante, que Mrs Otis avait accepté de garder à la demande expresse de Lady Canterville. Elle fit une profonde révérence devant chacun des nouveaux venus qui descendait de voiture, et dit, s'exprimant d'une manière étrange et surannée . « Je vous souhaite la bienvenue à Canterville Chase. » A sa suite ils traversèrent la grande salle, une belle pièce de style Tudor, et pénétrèrent dans la bibliothèque, pièce tout en longueur, basse de plafond, décorée de boiseries de chêne noir, à l'extrémité de laquelle s'ouvrait une grande fenêtre ornée de vitraux. Ils y trouvèrent le thé servi à leur intention, et après avoir enlevé leurs vêtements de voyage, ils prirent place et se mirent à admirer les lieux, tandis que Mrs Umney faisait le service.

Tout à coup Mrs Otis aperçut une tache rouge sombre sur le plancher juste à côté de la cheminée et, sans se douter de quoi il s'agissait, dit à Mrs Umney . « Il me semble qu'on a renversé quelque chose là. »

« Oui, Madame, répondit la vieille gouvernante à voix basse, c'est du sang qui a été versé à cet endroit. »

---

8. **Tudor :** [tju:də]. Les Tudors ont régné de 1485 à 1603. Le style Tudor est encore influencé par le gothique et contribue à donner un caractère médiéval au cadre de ce conte.

9. **panelled : panel,** *panneau* de bois ou *caisson* de plafond. **Panelling,** *boiseries, lambris.* **Oak-panelled,** *lambrissé de chêne.*

10. **wraps :** du verbe **to wrap,** *envelopper.* **Wraps** ne s'emploie qu'au pluriel et désigne ce que l'on met pour sortir (châle, manteau). **Wrapper,** par contre, désigne un vêtement d'intérieur (*robe de chambre* ou *peignoir*).

11. △ **waited on : to wait on,** *être au service de, servir* (comme domestique, à table). D'où **waiter,** *garçon de café.* **She waits on him hand and foot,** *elle est aux petits soins pour lui.*

"How horrid [1]", cried Mrs Otis; "I don't at all care for blood-stains in a sitting-room. It must be removed at once."

The old woman smiled, and answered in the same low, mysterious voice, "It is the blood of Lady Eleanore de Canterville, who was murdered on that very spot by her own husband, Sir Simon de Canterville, in 1575. Sir Simon survived her nine years, and disappeared suddenly under very mysterious circumstances [2]. His body has never been discovered, but his guilty spirit still haunts [3] the Chase [4]. The blood-stain has been much admired by tourists and others, and cannot be removed."

"That is all nonsense", cried Washington Otis; "Pinkerton's Champion Stain Remover and Paragon Detergent [5] will clean it up in no time", and before the terrified housekeeper could interfere [6] he had fallen upon his knees, and was rapidly scouring [7] the floor with a small stick of what looked like a black cosmetic. In a few moments no trace of the blood-stain could be seen.

"I knew Pinkerton would do it", he exclaimed triumphantly, as he looked round at his admiring family; but no sooner had he said these words than [8] a terrible flash of lightning lit up the sombre room, a fearful peal of thunder made them all start to their feet [9], and Mrs Umney fainted.

"What a monstrous climate!" said the American Minister calmly, as he lit a long cheroot [10]. "I guess the old country is so overpopulated that they have not enough decent weather for everybody.

---

1. **how horrid :** « *comme (c'est) horrible.* » On a intérêt à construire l'exclamation avec le substantif, dans le cas présent. C'est ce qui se dit spontanément en français qu'il faut préférer.

2. **under very mysterious circumstances :** noter l'emploi de **under**. Never open the door under any circumstances, *n'ouvrez en aucun cas cette porte*. Mais on peut également employer in . in the circumstances, it was to be expected, *dans ces circonstances/dans ces conditions, il fallait s'y attendre*.

3. **haunts :** [hɔːnts].

4. **the Chase : Chase**, que l'on trouve dans le nom de nombreux lieux-dits, signifie à l'origine **unclosed parkland**, *prairies et bois non clos*.

5. **Paragon Detergent : a paragon,** un *parangon*. A paragon of virtue, *un parangon/un modèle de vertu*.

6. ▲ **interfere :** ici *intervenir*. To interfere [ɪntəˈfɪə] in a conversa-

« Quelle horreur ! s'écria Mrs Otis ; je ne veux pas du tout voir de taches de sang dans une pièce où l'on tient salon. Il faut la faire disparaître immédiatement. »

La vieille femme sourit et répondit de cette même voix basse et mystérieuse : « C'est le sang de Lady Eleanor de Canterville, qui fut assassinée à cet endroit même par son propre mari, Sir Simon de Canterville, en 1575. Sir Simon lui survécut neuf ans, et disparut brusquement dans des circonstances très mystérieuses. On n'a jamais retrouvé son corps, mais son esprit coupable hante toujours ce manoir. Cette tache de sang fait l'admiration des touristes et autres visiteurs, et il est impossible de la faire disparaître. »

« Balivernes que tout cela, s'exclama Washington Otis ; le Détachant Champion de Pinkerton et le Détergent Parangon vont nettoyer ça en un clin d'œil », et avant que la gouvernante terrifiée ait pu faire un geste pour le retenir, il s'était mis à genoux et frottait le plancher avec un bâtonnet fait d'une substance qui ressemblait à un cosmétique noir. Au bout de quelques instants toute trace de la tache de sang avait disparu.

« Je savais qu'on y arriverait avec Pinkerton », s'exclama Washington triomphalement, en parcourant du regard le cercle de famille admiratif. A peine avait-il prononcé ces mots qu'un terrible éclair illumina la sombre bibliothèque, qu'un effroyable coup de tonnerre les fit se dresser d'un bond, et que Mrs Umney s'évanouit.

« Quel climat abominable ! dit calmement le ministre américain en allumant un long cheroot. Je crois que ce vieux pays est tellement surpeuplé qu'il n'y a pas de beau temps pour tout le monde.

---

tion, *se mêler à une conversation.* **To interfere with** signifie « *empêcher le cours normal* ». **It interfered with my plans,** *cela a contrecarré mes plans* ; **don't interfere with my camera,** *ne détraque pas/ne tripote pas mon appareil photo.*

7. **scouring : to scour** [skauə], *frotter vigoureusement.* Autre sens : **they scoured the town/the woods for the murderer,** *ils ont parcouru toute la ville/ils ont battu les bois à la recherche du meurtrier.*

8. △ **no sooner had he... than :** inversion (**had he**) entraînée par la présence de l'adverbe négatif (**no sooner**) en tête de proposition = **he had no sooner said these words than** + renforcement de l'idée de quasi-simultanéité.

9. **start to their feet :** « *sursauter pour se mettre sur pied.* »

10. **cheroot** [ʃə'ru:t] : cigare coupé aux deux extrémités.

I have always been of opinion that emigration is the only thing for England."

"My dear Hiram", cried Mrs Otis, "what can we do with a woman who faints?"

"Charge it to her like breakages [1]", answered the Minister; "she won't faint after that"; and in a few moments Mrs Umney certainly came to. There was no doubt, however, that she was extremely upset, and she sternly [2] warned Mr Otis to beware of some trouble coming to the house.

"I have seen things with my own eyes, sir", she said, "that would make any Christian's hair stand on end, and many and many a night [3] I have not closed my eyes in sleep for the awful things [4] that are done here." Mr Otis, however, and his wife warmly assured the honest soul [5] that they were not afraid of ghosts, and, after invoking the blessings of Providence on her new master and mistress, and making arrangements [6] for an increase of salary, the old housekeeper tottered off to her own room.

2

The storm raged fiercely all that night, but nothing of particular note [7] occurred. The next morning [8], however, when they came down to breakfast, they found the terrible stain of blood once again on the floor. "I don't think it can be the fault of the Paragon Detergent", said Washington, "for I have tried it with everything. It must be the ghost [9]."

---

1. **charge it to her like breakages** : « *mets-le à son compte comme de la casse.* » **To pay for breakages,** *payer la casse.* On faisait payer aux domestiques, ou l'on retenait sur leurs gages, le prix de ce qu'ils avaient cassé.
2. **sternly :** de **stern,** *sévère, rigoureux.*
3. △ **many a night :** construction aujourd'hui assez rare de **many** + **a** ou **another** + singulier. **Many a man would be grateful,** *il y en a beaucoup qui seraient reconnaissants.*
4. △ **for the awful things :** **for,** ici, *en raison de* : « *en raison des choses terribles qui sont faites ici.* »
5. **honest soul :** « *honnête âme.* » **Soul** est parfois employé pour désigner une personne, avec l'idée d'une certaine compassion. **She was a generous soul,** *c'était une brave femme, généreuse* ; **some poor soul will be looking for it,** *il y a un malheureux/une malheureuse qui va le chercher.*

J'ai toujours pensé que l'émigration était la seule solution possible pour l'Angleterre. »

« Mon cher Hiram, s'écria Mrs Otis, qu'allons-nous faire de cette femme qui tombe en pâmoison ? »

« Tu le retiens sur ses gages, comme la vaisselle cassée, répondit le ministre, du coup, il n'y aura plus de pâmoison. » Et de fait, quelques instants plus tard, Mrs Umney revint à elle. A n'en pas douter, cependant, elle était extrêmement bouleversée, et elle avertit solennellement Mr Otis d'avoir à se tenir sur ses gardes, car une menace pesait sur la maison.

« J'ai vu des choses, Monsieur, de mes propres yeux, dit-elle, des choses à faire se dresser les cheveux sur la tête de n'importe quel chrétien, et des nuits durant je n'ai pas fermé l'œil à cause des choses terribles qui se passent ici. » Mr Otis ainsi que sa femme assurèrent toutefois avec chaleur à cette honnête personne qu'ils n'avaient pas peur des fantômes ; aussi, après avoir invoqué la bénédiction de la Providence sur ses nouveaux maîtres, et conclu un arrangement relatif à l'augmentation de ses gages, la vieille gouvernante regagna sa chambre d'un pas chancelant.

2

L'orage se déchaîna toute la nuit, mais il ne se produisit rien de particulièrement intéressant. Pourtant, le lendemain matin, en descendant déjeuner, ils virent de nouveau la terrible tache de sang sur le plancher. « Je ne crois pas que le Détergent Parangon soit en cause, dit Washington, car je l'ai essayé sur tout. Ce doit être le fantôme. »

---

6. **arrangements :** [ə'reɪnʒmənts].

7. **nothing of particular note :** to be of note = to be important, to be worth mentioning. He has done little of note, *il n'a pas fait grand-chose d'intéressant*.

8. **the next morning :** *le lendemain matin* ; on dira aussi **the following morning**, *le matin suivant*.

9. △ **it must be the ghost :** cette phrase illustre bien le sens de **it must** exprimant la certitude de celui qui parle : I am certain it is the ghost. De même, on dira : it can't be the ghost = I am certain that it is not the ghost, *ça ne peut pas être le fantôme* ; et it may be the ghost = I don't know whether it is the ghost or not, *c'est peut-être le fantôme*.

He accordingly rubbed out the stain a second time, but the second morning it appeared again. The third morning also it was there, though the library had been locked up at night by Mr Otis himself, and the key carried upstairs. The whole family were [1] now quite interested; Mr Otis began to suspect that he had been too dogmatic in his denial [2] of the existence of ghosts, Mrs Otis expressed her intention of joining the Psychical [3] Society, and Washington prepared a long letter to Messrs Myers and Podmore [4] on the subject of the Permanence of Sanguineous Stains when connected with crime. That night all doubts about the objective existence of phantasmata [5] were removed for ever.

The day had been warm and sunny; and, in the cool of the evening, the whole family went out for a drive. They did not return home till nine o'clock, when [6] they had a light supper. The conversation in no way turned upon ghosts, so there were not even those primary conditions of receptive expectation which so often precede the presentation of psychical phenomena. The subjects discussed, as I have since learned from Mr Otis, were merely such as form [7] the ordinary conversation of cultured Americans of the better class, such as the immense superiority of Miss Fanny Davenport over Sarah Bernhardt as an actress; the difficulty of obtaining green corn, buckwheat cakes, and hominy, even in the best English houses; the importance of Boston in the development of the world-soul; the advantages of the baggage check system in railway travelling; and the sweetness of the New York accent as compared to the London drawl [8].

1. ⚠ **the whole family were** : certains termes qui désignent un groupe de personnes, **family, company, team** *(équipe)*, **crew** *(équipage, équipe)*, **staff** *(personnel)*, etc., peuvent être considérés soit comme des collectifs pluriels, repris par **they, them, their,** ou comme des singuliers neutres repris par **it, its.**

2. **denial** : [dɪ'naɪəl]. Dérivé de **to deny,** *nier, démentir, refuser.* **He was denied admittance,** *on lui a refusé l'entrée* ; **there is no denying that...,** *il est indéniable que...* Le substantif associé est **denial** : a **denial of justice,** *un déni de justice* ; **they issued a strong denial,** *ils ont publié un vigoureux démenti.*

3. **psychical** : ['saɪkɪkəl].

4. **Myers and Podmore** : fondateurs, en 1882, de la Psychical Research Society. La parapsychologie était très à la mode.

5. **phantasmata** : terme grec = « *ce qui est rendu visible* ».

Il fit donc une nouvelle fois disparaître la tache, mais le lendemain elle avait reparu. Au matin du troisième jour elle était toujours là, bien que la bibliothèque eût été fermée à clef la veille au soir par Mr Otis en personne qui emporta la clef dans sa chambre. La famille entière portait maintenant un intérêt considérable à cette affaire. Mr Otis se prit à soupçonner qu'il s'était montré trop dogmatique dans son refus d'admettre l'existence des fantômes ; Mrs Otis fit part de son intention d'adhérer à la « Psychical Society », et Washington prépara une longue lettre destinée à MM. Myers et Podmore traitant de la permanence des taches sanguines en relation avec des actes criminels. Tous les doutes quant à l'existence objective des phantasmes furent à jamais levés dans la nuit qui suivit.

La journée avait été chaude et ensoleillée, et, dans la fraîcheur du soir toute la famille sortit faire un tour en voiture. Ils ne rentrèrent qu'à neuf heures, heure à laquelle ils prirent un léger souper. On n'évoqua nullement les fantômes au cours de la conversation de sorte qu'il n'existait aucune de ces conditions préalables de réceptivité attentive qui précèdent la manifestation de phénomènes psychiques. On ne parla, comme Mr Otis me l'a rapporté depuis, que de ces sujets qui meublent la conversation des Américains cultivés de la meilleure société, comme l'immense supériorité de Miss Fanny Davenport sur Sarah Bernhardt en tant qu'actrice, la difficulté à trouver du maïs vert, des gâteaux de blé noir et de la semoule de maïs, même dans les meilleures maisons anglaises, l'importance de Boston dans le développement de la spiritualité universelle, les avantages du système du bulletin de consigne quand on voyage en chemin de fer, et la douceur de l'accent new-yorkais, comparé à l'accent traînant de Londres.

---

6. ⚠ **nine o'clock, when** : ce **when** est pronom relatif de temps (le français n'en possède pas) = *heure à laquelle*. **When** relatif est compatible avec le futur : **we'll stop at 5, when we'll have tea**, *nous arrêterons à 5 heures, heure à laquelle nous prendrons le thé*.

7. ⚠ **such as form** : ce **such as** ou such... as est un relatif qui renvoie à une classe d'éléments = **the sort of... which/who** et de ce fait est suivi d'un verbe au pluriel **(form)**. **I do not like such people as are always criticizing the others**, *je n'aime pas ce genre d'individus qui passent leur temps à critiquer autrui*. Ne pas confondre avec **such as** + nom qui permet d'introduire une comparaison ou un exemple : **such as the immense superiority...**, *comme/ tel que l'immense supériorité...*

8. **drawl** [drɔ:l] : les Anglais parlent d'**an American drawl**.

No mention at all was made of the supernatural [1], nor was Sir Simon [2] de Canterville alluded to in any way. At eleven o'clock the family retired, and by half past all the lights were out. Some time after, Mr Otis was awakened by a curious noise in the corridor, outside his room. It sounded like the clank of metal, and seemed to be coming nearer every moment. He got up at once, struck a match, and looked at the time. It was exactly one o'clock. He was quite calm, and felt his pulse, which was not at all feverish [3]. The strange noise still continued, and with it he heard distinctly the sound of footsteps. He put on his slippers, took a small oblong phial [4] out of his dressing-case, and opened the door. Right in front of him he saw, in the wan [5] moonlight, an old man of terrible aspect. His eyes were as red as burning coals; long grey hair fell over his shoulders in matted coils; his garments, which were of antique cut, were soiled and ragged, and from his wrists and ankles hung heavy manacles and rusty gyves [6].

"My dear sir", said Mr Otis, "I really must insist on your oiling those chains [7], and have brought you for that purpose a small bottle of the Tammany [8] Rising Sun Lubricator. It is said to be completely efficacious upon one application, and there are several testimonials to that effect on the wrapper from some of our most eminent native divines. I shall leave it here for you by the bedroom candles, and will be happy to supply you with more should you require it [9]." With these words the United States Minister laid the bottle down on a marble table, and, closing his door, retired to rest.

---

1. ⚠ **the supernatural** : certains adjectifs dénotant une notion abstraite, un caractère abstrait, peuvent être utilisés comme substantifs. Ils sont alors précédés de **the** et ne peuvent être employés qu'au singulier. **The beautiful,** *le beau* ; **the sublime,** *le sublime*.
2. **nor was Sir Simon** : noter l'inversion entraînée par **nor**. **Nor** peut être considéré comme l'équivalent de la coordination et de la négation : **and Sir Simon was not**...
3. **felt... feverish** : « *tâta son pouls qui n'était pas du tout fiévreux.* »
4. **phial** : [faɪəl].
5. **wan** [wɒn] : « *qui a l'air pâle et fatigué.* » A **wan** smile, *un pauvre sourire*.
6. **manacles and gyves** : **manacles** est souvent remplacé par **handcuffs** dans le sens de *menottes*, mais il peut aussi désigner des *fers* pour les pieds. **Gyves** [dʒaɪvz] est un terme ancien, litté-

On ne parla pas du tout de surnaturel, on ne fit pas la moindre allusion à Sir Simon de Canterville. A onze heures la famille se retira et à onze heures et demie toutes les lumières étaient éteintes. Au bout d'un certain temps, Mr Otis fut réveillé par un bruit insolite qui venait du couloir, devant sa chambre. On aurait dit un cliquetis métallique, qui semblait se rapprocher d'instant en instant. Il se leva aussitôt, craqua une allumette, et regarda l'heure. Il était exactement une heure. Il était parfaitement calme, et constata que son pouls ne dénotait pas la moindre fièvre. L'étrange cliquetis continuait, et en même temps Mr Otis perçut distinctement un bruit de pas. Il enfila ses chaussons, sortit une petite fiole oblongue de son nécessaire de toilette, et ouvrit la porte. Juste devant lui, dans la clarté blême de la lune, il vit un vieillard d'aspect terrifiant. Il avait des yeux rougeoyants comme des braises, de longs cheveux qui tombaient en boucles emmêlées sur ses épaules, des vêtements de coupe fort ancienne, réduits à l'état de guenilles malpropres, et, à ses poignets ainsi qu'à ses chevilles pendaient de lourdes menottes et des fers rouillés.

« Cher monsieur, dit Mr Otis, je dois vous prier instamment de graisser ces chaînes, et je vous ai apporté à cette fin une petite bouteille de lubrifiant, du Soleil Levant de Tammany. On affirme qu'il est absolument efficace dès la première application, et vous en trouverez sur l'emballage plusieurs témoignages émanant de certains de nos plus éminents théologiens locaux. Je vais la laisser à votre intention près des bougies de la chambre, et je me ferai un plaisir de vous en procurer davantage au cas où, d'aventure, vous en auriez besoin. » Sur ce, le ministre posa la bouteille sur un guéridon de marbre et, refermant la porte, se retira pour prendre du repos.

---

raire. On emploiera aujourd'hui **shackles** ou **fetters** (pour entraver les pieds).

7 △ **I must insist on your oiling those chains** : noter cette construction adj. possessif + **-ing** (+ nom). Elle montre bien que la forme en **-ing** fonctionne à la fois comme un nom (précédé de l'adj. possessif) et comme un verbe (suivi d'un c.o.d.). La relation possessif **-ing** est dérivée de la relation pronom personnel-verbe.

8. **Tammany** : de **Tamanend**, *l'Affable*, chef indien du Delaware au XVIIe siècle, connu pour avoir entretenu de très bonnes relations avec les Blancs. On en a fait plaisamment un saint Tammany, patron des États-Unis, ce qui peut expliquer l'allusion à « **native divines** », *« des théologiens indigènes »*.

9. △ **should you require it** : inversion hypothétique = **if you should require** ; hypothèse plus aléatoire que **if you require**.

For a moment the Canterville ghost stood quite motionless in natural indignation; then, dashing the bottle violently upon the polished floor, he fled down[1] the corridor, uttering hollow groans[2], and emitting a ghastly green light. Just, however, as he reached the top of the great oak staircase, a door was flung open, two little whiterobed figures appeared, and a large pillow whizzed past his head! There was evidently no time to be lost[3], so, hastily adopting the Fourth Dimension of Space as a means[4] of escape, he vanished through the wainscoting[5], and the house became quite quiet.

On reaching a small secret chamber in the left wing, he leaned up against a moonbeam to recover his breath, and began to try and realize[6] his position. Never, in a brilliant and uninterrupted career of three hundred years, had he been[7] so grossly insulted. He thought of the Dowager Duchess, whom he had frightened into a fit as she stood before the glass in her lace and diamonds; of the four housemaids, who had gone off into hysterics when he merely grinned[8] at them through the curtains of one of the spare bedrooms; of the rector of the parish, whose candle he had blown out as he was coming late one night from the library, and who had been under the care of Sir William Gull[9] ever since[10], a perfect martyr[11] to nervous disorders; and of old Madame de Tremouillac, who, having wakened up one morning early and seen a skeleton seated in an arm-chair by the fire reading her diary, had been confined to her bed for six weeks with an attack of brain fever, and, on her recovery, had become reconciled to the Church, and had broken off her connection with that notorious sceptic[12] Monsieur de Voltaire.

---

1. **fled down : to flee,** s'enfuir. **Down** implique une idée d'éloignement par rapport au lieu principal de l'action.

2. **uttering hollow groans :** « émettant des grondements creux. » **To utter** ['ʌtə] ; he didn't utter a word, il n'a pas dit un mot ; to utter threats, proférer des menaces. To utter counterfeit money, émettre de la fausse monnaie. Ne pas confondre avec l'adjectif utter, complet, absolu : an utter liar, un fieffé menteur.

3. **there was no time to be lost** = there was no time to lose.

4. △ **a means : means** est invariable.

5. **wainscoting :** de wainscot [weɪnzkət], panneau de bois couvrant la partie inférieure d'un mur.

6. △ **began to try and realize :** « commença à essayer de se

Le fantôme de Canterville demeura un moment pétrifié sous l'effet d'une indignation bien naturelle puis, précipitant rageusement la bouteille sur le parquet ciré, il s'enfuit par le couloir en grondant d'une voix caverneuse, dans un halo d'horrible lumière verte. Mais au moment précis où il atteignait le haut du grand escalier de chêne, une porte s'ouvrit brutalement, deux petites silhouettes drapées de blanc apparurent, et un gros oreiller lui siffla aux oreilles ! Il n'y avait évidemment pas de temps à perdre, aussi, choisissant la Quatrième Dimension de l'Espace pour assurer son salut, il disparut à travers les lambris, et la demeure retrouva son calme.

Parvenu à une petite chambre secrète dans l'aile gauche de la maison, le fantôme s'appuya contre un rayon de lune afin de reprendre haleine, et entreprit de faire le point de la situation. Jamais au cours d'une brillante carrière qui se poursuivait sans interruption depuis trois siècles, jamais il n'avait été aussi grossièrement insulté. Il pensa à la duchesse douairière à qui il avait causé une telle frayeur qu'elle en avait fait une attaque, devant son miroir, parée de ses dentelles et de ses diamants ; aux quatre femmes de chambre qui s'étaient enfuies dans une crise d'hystérie lorsqu'il s'était contenté de leur faire un sourire, au travers des rideaux d'une chambre d'ami ; au recteur de la paroisse dont il avait soufflé la bougie, un soir, alors que ce dernier, à une heure tardive, revenait de la bibliothèque, et qui, confié depuis lors aux soins de Sir William Gull, était un parfait martyr des troubles nerveux ; il pensa encore à la vieille Madame de Tremouillac qui, un matin, s'étant éveillée de bonne heure, avait vu un squelette assis dans un fauteuil près de la cheminée, plongé dans la lecture de son journal intime ; qui avait dû rester six mois alitée à la suite d'une attaque de fièvre cérébrale, et qui, une fois rétablie, s'était réconciliée avec l'Église et avait rompu tout commerce avec ce sceptique notoire qu'était Monsieur de Voltaire.

---

rendre compte de la situation. » La construction **try and** n'est possible qu'à l'infinitif, à l'impératif et au futur. Aux autres temps ou modes il faut employer **to** : **he tried to realize,** *il essaya de se rendre compte.*

7. △ **had he been :** inversion emphatique entraînée par **never**.

8. **merely grinned :** « *sourit simplement.* » Des adverbes comme **just, merely,** peuvent être traduits par *se contenter de.*

9. **Gull :** to **gull,** *duper,* ou, substantif **gull,** *jobard.*

10. **ever since :** adverbe = **since then.**

11. △ **a perfect martyr :** noter la présence de l'article avec l'apposition.

12. **sceptic :** ['skɛptɪk] ; s'écrit **skeptic** en américain.

He remembered the terrible night when the wicked Lord Canterville was found choking in his dressing-room, with the knave of diamonds [1] half-way down his throat, and confessed, just before he died, that he had cheated Charles James Fox out of [2] £ 50,000 at Crockford's by means of that very card [3], and swore that the ghost had made him swallow it. All his great achievements [4] came back to him again, from the butler who had shot himself in the pantry because he had seen a green hand tapping at the window pane, to the beautiful Lady Stutfield, who was always obliged to wear a black velvet band round her throat to hide the mark of five fingers burnt upon her white skin, and who drowned herself at last in the carp-pond at the end of the King's Walk. With the enthusiastic egotism of the true artist he went over his most celebrated performances, and smiled bitterly to himself as he recalled to mind his last appearance [5] as "Red Ruben, or the Strangled Babe", his *début* as "Gaunt Gideon [6], the Blood-sucker of Bexley Moor", and the *furore* [7] he had excited one lovely June evening by merely playing ninepins with his own bones upon the lawn-tennis ground. And after all this, some wretched modern Americans were to [8] come and offer him the Rising Sun Lubricator, and throw pillows at his head! It was quite unbearable. Besides, no ghosts in history had ever been treated in this manner. Accordingly, he determined to have vengeance, and remained till daylight in an attitude of deep thought.

---

1 **knave of diamonds : knave** [neɪv] désigne le *valet*, mais on dit aujourd'hui **jack**. Le sens premier de **knave** est *coquin, filou*. La « *couleur* » (suit) d'une carte est désignée en anglais par un mot pluriel : the **jack** of diamonds, *le valet de carreau* ; the **six of clubs**, *le six de trèfle* ; the **ace of spades**, *l'as de pique* ; the **queen of hearts**, *la dame de cœur*.

2. **had cheated Charles James Fox out of...** : le verbe **cheat** indique par quel moyen le résultat (dépossession de Fox) **out of** est obtenu. Charles James Fox (1749-1806) était un orateur et homme d'État anglais très célèbre

3. △ **that very card : very** est ici adjectif avec le sens de *même, précis*. On the very spot where..., *à l'endroit précis où...* It is the **very** thing I need, *voilà tout à fait ce qu'il me faut*. To the **very** end, *jusqu'au bout*.

4. ▲ **achievement** : [ə'tʃiːwmənt]. To achieve a task, *accomplir une tâche* ; to achieve an aim, *atteindre un but* ; to achieve success,

Il se rappela cette nuit terrible durant laquelle ce vil gredin de Lord Canterville fut retrouvé dans son cabinet de toilette, en train de s'étouffer, le valet de carreau à demi enfoncé dans la gorge, juste avant d'expirer il avait avoué qu'au cours d'une partie de cartes chez Crockford, il avait délesté Charles James Fox de 50 000 livres en trichant grâce à cette carte, et que c'était le fantôme qui l'avait obligé à l'avaler. Tous ses hauts faits lui revinrent en mémoire, du maître d'hôtel qui s'était fait sauter la cervelle à l'office parce qu'il avait vu une main verte frapper à la vitre, à la belle Lady Stutfield qui devait constamment porter un ruban noir autour du cou pour dissimuler la marque de cinq doigts inscrite comme une brûlure sur sa blanche peau, et qui avait fini par se noyer dans l'étang aux carpes, au bout de l'Allée du Roi. Avec cet égotisme enthousiaste qui est le propre du véritable artiste, il passa en revue les rôles les plus célèbres qu'il avait interprétés, et c'est avec un sourire plein d'amertume qu'il se remémora sa dernière apparition dans le rôle de « Ruben le Rouge ou le Bébé Etranglé », ses débuts dans le rôle de « Gédéon le Sinistre, le Vampire de Bexley Moor », et la frénésie qu'il avait provoquée en jouant aux quilles avec ses propres os sur le court de tennis. Et voilà qu'après tous ces exploits le sort voulait que quelques misérables Américains modernes viennent lui offrir du lubrifiant du Soleil Levant et lui jeter des oreillers à la tête ! C'était absolument intolérable. D'ailleurs aucun fantôme, au cours de l'Histoire, n'avait été traité de la sorte. En conséquence, il résolut de se venger, et demeura jusqu'au jour dans une attitude de profonde méditation.

---

réussir. **Achievement,** *exploit, haut fait, réussite* ; dans ces acceptions on pourra dire **achievements**, alors que le pluriel n'est pas possible quand **achievement** signifie *réalisation, accomplissement* (d'un projet, d'une ambition).

5. ⚠ **appearance :** l'anglais distingue **appearance** qui signifie *le fait de paraître* de **apparition,** *fantôme. Faire son apparition,* **to make one's appearance** ; *juger d'après les apparences,* **to judge from appearances.**

6. **Gideon :** ['gɪdɪən].

7. **furore :** [fjʊə'rɔːrɪ] ; **furor** en américain ; selon le contexte, ce terme signifie tout aussi bien *admiration enthousiaste* que *protestations scandalisées.*

8. **were to : to be to** au prétérit, suivi de l'infinitif présent permet d'exprimer ce qui semble un événement inscrit dans le destin : **Sir Winston, who was to become Prime Minister...,** *Sir Winston, qui devait devenir Premier ministre...*

The next morning when the Otis family met at breakfast, they discussed the ghost [1] at some length. The United States Minister was naturally a little annoyed [2] to find that his present had not been accepted. "I have no wish", he said, "to do the ghost any personal injury [3], and I must say that, considering the length of time he has been in the house, I don't think it is at all polite to throw pillows at him" – a very just remark, at which, I am sorry to say, the twins burst into shouts of laughter [4]. "Upon the other hand [5]", he continued, "if he really declines to use the Rising Sun Lubricator, we shall have to take his chains from him. It would be quite impossible to sleep, with such a noise [6] going on outside the bedrooms."

For the rest of the week, however, they were undisturbed, the only thing that excited any attention being the continual renewal of the blood-stain on the library floor. This certainly was very strange, as the door was always locked at night by Mr Otis, and the windows kept closely barred. The chameleon-like colour [7], also, of the stain excited a good deal of comment. Some mornings it was a dull (almost Indian) red, then it would be vermilion, then a rich purple, and once when they came down for family prayers, according to the simple rites [8] of the Free American Reformed Episcopalian Church, they found it a bright emerald-green. These kaleidoscopic changes naturally amused the party very much, and bets on the subject were freely [9] made every evening.

---

1. **they discussed the ghost : discuss** employé transitivement signifie **examine in detail**.
2. **annoyed** [ə'nɔɪd] **:** to be annoyed about/over sth, *être contrarié par qqch*. To be annoyed with a decision, *être mécontent d'une décision*. To get annoyed with sth, *se mettre en colère, s'énerver contre qqch*. With a look of annoyance, *d'un air contrarié*.
3. ▲ **injury** ['ɪndʒərɪ] **:** *blessure* : to do sbd an injury, *blesser qqun*. Tort, préjudice : to the injury of, *au préjudice de*. Injure se dira abuse (invariable), insult. A string of abuse/insults, *un torrent d'injures*.
4. **a just remark... laughter : «** *juste remarque à laquelle, je suis navré de le dire, les jumeaux partirent d'éclats de rire bruyants.* **»**
5. **upon the other hand :** l'expression plus courante est on the other hand (on the one hand... on the other hand).

Le lendemain matin, lorsque la famille Otis se réunit pour le petit déjeuner, on discuta assez longuement du fantôme. Le ministre des États-Unis était, naturellement, un peu contrarié de constater que le fantôme n'avait pas accepté le cadeau qu'il lui avait fait. « Je ne souhaite pas porter atteinte à sa personne, dit-il, et considérant la longueur de son séjour dans cette maison, je trouve qu'il est fort discourtois de lui lancer des oreillers. » Cette juste remarque, j'ai le regret de le dire, provoqua l'hilarité des jumeaux. « D'autre part, poursuivit-il, s'il refuse positivement d'utiliser le Soleil Levant, nous serons dans l'obligation de lui prendre ses chaînes. Il serait impossible de dormir avec un tel bruit à la porte de nos chambres. »

Ils passèrent cependant le reste de la semaine sans être dérangés, et seul le perpétuel renouvellement de la tache de sang sur le parquet de la bibliothèque excita leur attention. C'était en vérité une chose très étrange, car le soir Mr Otis fermait toujours la porte à clef, et les fenêtres étaient soigneusement barrées. Les changements de couleur de cette tache, tels ceux d'un caméléon, suscitaient aussi de nombreux commentaires : certains matins elle était d'un rouge sombre, presque d'un rouge indien, d'autres jours on passait au vermillon, d'autres encore à un violet somptueux, et un matin lorsqu'ils descendirent pour dire leurs prières, selon le rite simple de l'Église épiscopalienne libre et réformée d'Amérique, ils constatèrent qu'elle était d'un vert émeraude éclatant. Ces changements kaléidoscopiques les amusaient beaucoup, naturellement, et chaque soir on ne se privait pas d'engager des paris à ce sujet.

---

6. △ **such a noise :** l'emploi de **such** implique un adjectif sous-entendu (par ex. ici **frightening**) = **such a frightening noise**. Quand il s'agit de comparer simplement deux choses on emploie **like** (= of this sort). **Would you like to have a house like this ?** *cela vous plairait d'avoir une maison pareille ?*

7. **chameleon-like colour :** « *couleur semblable au caméléon* ». **chameleon :** [kə'mi:liən].

8. **simple rites :** on aura une idée de la simplicité de ces rites (**rites** [raits]) en considérant la complexité de la dénomination de cette Église !

9. **freely :** ici *sans retenue*. **To spend freely**, *dépenser sans compter* ; **perspiring freely**, *suant à grosses gouttes*.

The only person who did not enter into [1] the joke was little Virginia, who, for some unexplained reason, was always a good deal distressed at the sight of the blood-stain, and very nearly cried the morning it was emerald-green.

The second appearance of the ghost was on Sunday night. Shortly after they had gone to bed they were suddenly alarmed by a fearful crash in the hall. Rushing downstairs, they found that a large suit of old armour had become detached from its stand, and had fallen on the stone floor, while, seated in a high-backed chair, was the Canterville ghost [2], rubbing his knees with an expression of acute agony [3] on his face. The twins, having brought their peashooters with them, at once discharged two pellets on him, with that accuracy [4] of aim which can only be attained by long and careful practice on a writing-master, while the United States Minister covered him with his revolver, and called upon him, in accordance with Californian etiquette [5], to hold up his hands! The ghost started up with a wild shriek of rage, and swept through them like a mist, extinguishing Washington Otis's candle as he passed, and so leaving them all in total darkness. On reaching the top of the staircase he recovered himself [6], and determined to give his celebrated peal of demoniac laughter. This he had on more than one occasion found extremely useful. It was said to have turned Lord Raker's wig grey in a single night, and had certainly made three of Lady Canterville's French governesses give warning [7] before their month was up [8].

---

1. **enter into :** enter est transitif lorsqu'il signifie *entrer* dans un lieu, une période, une carrière, une institution. Mais dans un sens figuré on emploie **enter into** : to enter into negotiations, *engager des négociations* ; it did not enter into our plans, *cela n'entrait pas dans nos plans* ; he entered into a long explanation, *il se lança dans une longue explication.* Noter par ailleurs **to enter for a race**, *s'inscrire dans une course* ; **to enter for an exam**, *se présenter à un examen.*

2. **was the Canterville ghost :** l'inversion est provoquée par la présence en tête de phrase du complément **seated in a high-backed chair.**

3. ▲ **agony** ['ægənɪ] **:** *angoisse, supplice, douleur violente.* **To suffer agonies,** *souffrir le martyre.* Mais on trouvera par ex. : **to be in an agony of impatience,** *être au comble/au paroxysme de*

34

La seule à ne pas se prêter à ces plaisanteries était la petite Virginia qui, pour une raison inexpliquée, était toujours très affectée par la vue de cette tache de sang, et faillit fondre en larmes le jour où elle apparut vert émeraude.

La seconde apparition du fantôme eut lieu le dimanche soir. Peu de temps après qu'ils furent allés se coucher, un terrible fracas provenant de la grande salle les mit soudain en alerte. Dévalant l'escalier, ils constatèrent que, détachée de son socle, une vieille armure de grande taille était tombée sur le dallage, tandis qu'assis sur une chaise à grand dossier le fantôme de Canterville se frottait les genoux, portant sur son visage les signes d'une douleur extrême. Les jumeaux, qui s'étaient munis de leur sarbacane, lui expédièrent deux projectiles avec cette précision de tir que seul permet d'atteindre un long et minutieux entraînement pratiqué sur un professeur d'écriture, tandis que le ministre des États-Unis, braquant sur lui son revolver, l'invitait, selon les règles de l'étiquette californienne, à mettre les mains en l'air ! Le fantôme bondit en poussant un hurlement de rage folle, se glissa parmi eux comme une brume, éteignant au passage la bougie de William Otis, et les plongeant ainsi dans l'obscurité totale. Il retrouva ses esprits en arrivant en haut de l'escalier et se décida à lancer sa célèbre cascade d'éclats de rire démoniaque. Il en avait, à plusieurs reprises, mesuré l'extrême utilité. On disait que c'était ce rire qui avait fait en une seule nuit grisonner la perruque de Lord Raker et qui avait bel et bien incité trois des institutrices françaises de Lady Canterville à donner leur préavis avant d'avoir achevé leur premier mois de service.

---

l'impatience. *L'agonie* : **the agony of death ; the pangs of death.** *Etre à l'agonie*, **to be at death's door.**

4. **accuracy** ['ækjʊrəsɪ] **:** *précision, exactitude.* L'adjectif correspondant est **accurate. To take accurate aim,** *viser juste.*

5. **Californian etiquette :** à cette époque la Californie, c'était encore le Far West.

6. ⚠ **he recovered himself : to recover oneself,** to recover one's **composure,** *se ressaisir, se reprendre.* Mais **to recover,** *guérir, se rétablir* **(from sth).**

7. **to give warning :** to give a week's warning, *prévenir huit jours à l'avance.* Pour résilier un contrat, *donner un préavis de huit jours.*

8. **their month was up :** *up* ici, *terminé.* **Time's up !** *c'est l'heure !* **When three days were up,** *au bout de trois jours.*

He accordingly laughed his most horrible laugh, till the old vaulted roof rang and rang again, but hardly had the fearful echo died away when a door opened, and Mrs Otis came out in a light blue dressing-gown. "I am afraid you are far from well", she said, "and have brought you a bottle of Dr Dobell's tincture. If it is indigestion, you will find it a most excellent remedy." The ghost glared at her in fury, and began at once to make preparations for turning himself into a large black dog, an accomplishment for which he was justly renowned, and to which the family doctor always attributed the permanent idiocy [1] of Lord Canterville's uncle, the Hon [2]. Thomas Horton. The sound of approaching footsteps, however, made him hesitate in his fell purpose, so he contented himself with becoming faintly phosphorescent, and vanished with a deep churchyard groan, just as the twins had come up to him.

On reaching his room he entirely broke down [3], and became a prey to [4] the most violent agitation. The vulgarity of the twins, and the gross [5] materialism of Mrs Otis, were naturally extremely annoying, but what really distressed him most was that he had been unable to wear the suit of mail. He had hoped that even modern Americans would be thrilled by the sight of a Spectre In Armour, if for no more sensible reason, at least out of respect [6] for their national poet Longfellow [7], over whose graceful and attractive poetry he himself had whiled away [8] many a weary hour when the Canterville were up in town [9]. Besides, it was his own suit.

---

1 **idiocy :** [ˈɪdɪəsɪ].
2 **the Hon.** : the Honourable, titre donné aux cadets qui n'héritent pas du titre de leur père, à certains juges de la Haute Cour, aux membres du gouvernement, etc. **Most Honourable** est réservé aux marquis, aux membres du Conseil Privé, aux titulaires de l'ordre du Bain **Right honourable** est donné à ceux qui ont un titre nobiliaire, à certains dignitaires de la justice, au Lord Mayor de Londres, de York, au Lord Prévôt d'Edimbourg, Glasgow, etc.
3. **broke down** : ici, **to break down**, fondre en larmes. Par ailleurs on dira my car broke down, ma voiture est tombée en panne , his health has broken down, sa santé s'est détériorée ; the negotiations broke down, les négociations ont échoué.
4 **a prey to** : « et devint une proie pour ».
5. **gross** [grəus] : ici, grossier **A gross injustice**, une injustice flagrante ; gross ignorance, ignorance crasse.

Il lança donc son rire le plus horrible, jusqu'à faire résonner et résonner encore les antiques voûtes du toit, mais à peine l'effroyable écho s'en était-il évanoui qu'une porte s'ouvrit et que Mrs Otis sortit vêtue d'une robe de chambre bleu clair. « Je crains que vous ne soyez bien mal en point, dit-elle, et je vous ai apporté une bouteille de teinture du Dr Dobell. Si vous souffrez d'indigestion, vous verrez que c'est un excellent remède. » Le fantôme lui jeta un regard furieux et s'apprêta à se métamorphoser en un énorme chien noir, prouesse qui l'avait à juste titre rendu célèbre, et à laquelle le médecin de famille attribuait l'état d'idiotie chronique de l'oncle de Lord Canterville, l'Honorable Thomas Horton. Mais des bruits de pas de plus en plus proches le firent hésiter dans son sinistre projet et il se contenta d'émettre une légère lueur phosphorescente avant de disparaître avec un grondement sépulcral au moment où les jumeaux arrivaient sur lui.

En parvenant dans sa chambre, il s'effondra en larmes, en proie à l'agitation la plus violente. La vulgarité des jumeaux, le matérialisme grossier de Mrs Otis l'irritaient naturellement à l'extrême, mais ce qui l'affligeait le plus, c'était qu'il n'avait pu revêtir sa cotte de mailles. Il avait espéré que même des Américains modernes auraient été transportés d'émotion au spectacle d'un spectre en armure, au moins — à défaut d'un autre motif plus raisonnable — par respect pour Longfellow, leur poète national, dont les œuvres pleines de grâce et de charme lui avaient permis de tromper l'ennui de longues heures monotones, lorsque les Canterville résidaient en ville. De plus, il s'agissait de sa propre armure.

---

6. **out of respect : out of** suivi d'un nom exprimant un sentiment, une émotion, indique la raison d'un acte : **out of jealousy**, *par jalousie* ; **out of spite**, *par dépit*.
7. **Longfellow :** Henry Wadsworth Longfellow (1807-1882) ; l'un des grands poètes de la littérature américaine. C'est à la suite de la découverte d'un squelette revêtu d'une armure qu'il composa son poème « *The Spectre in Armour* ». Ce poème raconte l'épopée d'un jeune Viking qui franchit l'Océan pour échapper à la vengeance des parents de la jeune fille qu'il aime et qu'il a enlevée.
8. **whiled away : to while away the time**, *faire passer le temps* (quand on n'a rien d'autre à faire).
9. **up in town :** *être à Londres*, par opposition à **down in the country**.

He had worn it with success at the Kenilworth tournament [1], and had been highly complimented on it by no less a person than the Virgin Queen herself. Yet when he had put it on, he had been completely overpowered by the weight of the huge breastplate and steel casque [2], and had fallen heavily on the stone pavement, barking both his knees [3] severely, and bruising the knuckles of his right hand.

For some days after this he was extremely ill, and hardly stirred out of his room at all, except to keep the blood-stain in proper repair. However, by taking [4] great care of himself, he recovered, and resolved to make a third attempt to frighten the United States Minister and his family. He selected Friday, the 17th of August, for his appearance, and spent most of that day in looking over [5] his wardrobe, ultimately deciding in favour of a large slouched hat with a red feather, a winding-sheet frilled at the wrists and neck, and a rusty dagger. Towards evening a violent storm of rain came on, and the wind was so high that all the windows and doors in the old house shook and rattled [6]. In fact, it was just such weather as he loved [7]. His plan of action was this. He was to make [8] his way quietly to Washington Otis's room, gibber [9] at him from the foot of the bed, and stab himself three times in the throat to the sound of slow music. He bore Washington a special grudge [10], being quite aware that it was he who was in the habit of removing the famous Canterville blood-stain, by means of Pinkerton's Paragon Detergent.

---

1. **the Kenilworth tournament** : allusion à *Kenilworth*, roman de Walter Scott (1771-1832). Ce roman, publié en 1821, offre un tableau du règne d'Elisabeth d'Angleterre (1533-1603), la Reine Vierge, puisqu'elle ne fut jamais mariée. C'est en son honneur qu'en 1583 une colonie américaine reçut le nom de Virginie.

2. **casque** : *heaume* ; casque aujourd'hui se dit **helmet**.

3. **barking both his knees** : bark, *écorce*. Noter la position de l'adj. possessif après **both**.

4. ⚠ **by taking** : **by** + **-ing**, souvent traduit par *en* + part. pr., exprime le moyen délibérément choisi pour obtenir un résultat.

5. **spent most of that day in looking over** : 1) **most of that day**, « *la plus grande partie de la journée* » ; 2) aujourd'hui, la construction **to spend time** + **-ing** est beaucoup plus fréquente que celle-ci : **he spends his time reading**, *il passe son temps à lire* ; 3) **to look over a book**, *feuilleter un livre* ; **to look over a house**, *visiter*

Il l'avait revêtue pour triompher au tournoi de Kenilworth, et avait reçu de grands compliments de la Reine Vierge elle-même. Mais quand il l'avait mise, il était tombé lourdement sur les dalles, écrasé par le poids de l'énorme plastron et du heaume d'acier, et s'était écorché sévèrement les deux genoux, en même temps qu'il se meurtrissait les jointures de la main droite.

Il fut très malade pendant quelques jours, et ne sortit pratiquement pas de sa chambre, sauf pour aller entretenir la tache de sang. Ayant pris grand soin de sa personne, il se rétablit, cependant, et résolut de tenter pour la troisième fois d'épouvanter le ministre des Etats-Unis et sa famille. Il choisit, pour apparaître, la date du 17 août et passa le plus clair de cette journée à faire l'inventaire de sa garde-robe, arrêtant en fin de compte son choix sur un grand chapeau à large bord souple, un suaire à col et poignets tuyautés, et une dague rouillée. Vers le soir, un violent orage éclata, accompagné de pluie ; le vent soufflait si fort que l'on entendait trembler toutes les fenêtres de la vieille demeure. C'était tout à fait le temps qu'affectionnait le fantôme. Le plan qu'il avait élaboré était le suivant : il se rendrait silencieusement dans la chambre de Washington Otis, l'apostropherait avec véhémence du pied du lit, et se plongerait trois fois la dague dans la gorge aux accents d'une musique lente. Il en voulait particulièrement à Washington, sachant bien que c'était lui qui avait pris l'habitude d'effacer la fameuse tache de sang de Canterville à l'aide du Détergent Parangon de Pinkerton.

---

une maison. Ne pas confondre avec **to overlook**, *avoir vue sur*, **to overlook**, *négliger, fermer les yeux sur*, et **to overlook**, *surveiller*.
6. **shook and rattled : shook (to shake)** indique le mouvement et **rattled** le bruit (**a rattle**, *une crécelle*), d'où « *que l'on entendait trembler* ».
7. **it was just such weather as he loved :** autre exemple d'emploi de **such... as**, relatif = it was just the sort of weather he loved.
8. △ **he was to make : to be to** sert ici à exprimer un futur de convention, ce qui est prévu, ou décidé.
9. **gibber** [dʒɪbə] : *parler de manière confuse et véhémente* (souvent sous l'empire de la peur ou de la folie).
10. **grudge :** to bear sbd a grudge, *en vouloir à qqun* ; **to pay off a grudge**, *assouvir une rancune*.

Having reduced the reckless and foolhardy youth [1] to a condition of abject terror, he was then to proceed to the room occupied by the United States Minister and his wife, and there to place a clammy hand on Mrs Otis's forehead, while he hissed into her trembling husband's ear the awful secrets of the charnel-house [2]. With regard to little Virginia, he had not quite made up his mind. She had never insulted him in any way, and was pretty and gentle. A few hollow groans from the wardrobe, he thought, would be more than sufficient, or, if that failed to [3] wake her, he might grabble at the counterpane with palsy-twitching [4] fingers. As for the twins, he was quite determined to teach them a lesson. The first thing to be done was, of course, to sit upon their chests, so as to produce the stifling [5] sensation of nightmare. Then, as their beds were quite close to each other, to stand between them in the form of a green, icy-cold corpse [6], till they became paralysed with fear, and finally, to throw off the winding-sheet, and crawl round the room, with white bleached [7] bones and one rolling eyeball, in the character of "Dumb Daniel, or the Suicide's [8] Skeleton", a *rôle* in which he had on more than one occasion produced a great effect, and which he considered quite equal to his famous part of "Martin the Maniac [9], or the Masked Mystery".

At half past ten he heard the family going to bed [10]. For some time he was disturbed by wild shrieks of laughter from the twins, who, with the light-hearted gaiety of schoolboys, were evidently amusing themselves before they retired to rest, but at a quarter past eleven all was still, and, as midnight sounded, he sallied forth [11].

---

1. △ **the reckless and foolhardy youth** : a youth = a young man. **Foolhardy**, *qui prend des risques stupides.* **Reckless** implique une idée d'inconscience dans le mépris du danger.

2. **charnel-house** : *charnier* ou *ossuaire*.

3. △ **failed to** : to fail to do sth, *ne pas réussir à faire qqch.* Mais on dit **to succeed in doing sth**, *réussir à faire qqch.*

4. **palsy-twitching** ['pɔːlzɪ] : *paralysie agitante* (qui se manifeste par des mouvements convulsifs). **To twitch**, *avoir des mouvements convulsifs.* **A twitch**, *un tic nerveux.*

5. **stifling** ['staɪflɪŋ].

6. ▲ **corpse** : *cadavre.*

7. **white bleached** : **bleached** signifie *blanchi*, par le soleil ou un agent chimique. **To bleach one's hair**, *se décolorer les cheveux.* **Bleach**, *eau de Javel.*

Après avoir frappé de terreur abjecte ce jeune sot téméraire, il se rendrait dans la chambre qu'occupaient le ministre des Etats-Unis et sa femme, poserait une main moite et froide sur le front de Mrs Otis et, d'une voix sifflante, glisserait à l'oreille de son mari tremblant les effroyables secrets du charnier. En ce qui concernait la petite Virginie, il n'avait pas encore tout à fait pris sa décision. Elle ne l'avait jamais insulté, elle était jolie et gentille. Quelques grondements caverneux venant de la penderie seraient, pensa-t-il, plus que suffisants, ou, si cela ne réussissait pas à la réveiller, il pourrait tirailler sur sa courtepointe, de ses doigts agités de mouvements convulsifs. Quant aux jumeaux, il était bien résolu à leur donner une leçon. La première chose à faire, c'était, naturellement, de s'asseoir sur leur poitrine de façon à provoquer chez eux cette sensation d'étouffement que l'on éprouve dans un cauchemar. Puis, comme leurs lits étaient très proches l'un de l'autre, il se dresserait entre eux sous la forme d'un cadavre verdâtre et glacé, jusqu'à ce que la terreur les paralyse et, pour finir, rejetant le suaire, il traînerait autour de la pièce ses os blanchis, en roulant un seul œil, dans le rôle de « Daniel le Muet ou le Squelette du Suicidé », qui lui avait maintes fois permis de faire beaucoup d'effet, et qu'il jugeait en tout point comparable à sa célèbre représentation de « Martin le Maniaque, ou le Mystère Masqué ».

A dix heures et demie, il entendit la famille qui allait se coucher Pendant quelque temps il fut dérangé par les éclats de rire déchaînés des jumeaux qui, de toute évidence, s'amusaient avant d'aller dormir, avec la gaieté insouciante des écoliers, mais à onze heures un quart, tout était calme, et à minuit sonnant il effectua sa sortie.

---

8. △ **suicide** ['sjuːɪsaɪd] : désigne *le suicide* mais aussi *la personne qui se suicide*. *Se suicider*, **to commit suicide**.
9. **maniac** ['meɪnɪæk] : *fou dangereux*
10. △ **he heard the family going to bed** : l'emploi de **going** au lieu de go indique que ce qu'il entend se prolonge au-delà de l'heure indiquée (**half past ten**), ce qui est confirmé par **at a quarter past eleven all was still**. On dirait par ex. : **at half past ten I heard him lock his door**, *à dix heures et demie je l'ai entendu fermer sa porte à clef.*
11. **sallied forth : to sally forth** implique une action énergique, et une grande détermination ; **sally** (terme militaire), brève et soudaine attaque en territoire ennemi, *sortie* **Sally** signifie également *trait d'esprit* . **to make a sally**, *faire une boutade*.

The owl [1] beat against the window panes, the raven croaked from the old yew-tree, and the wind wandered moaning round the house like a lost soul; but the Otis family slept unconscious of their doom, and high above the rain and storm he could hear the steady snoring of the Minister for the United States. He stepped stealthily [2] out of the wainscoting, with an evil smile on his cruel, wrinkled mouth, and the moon hid her face in a cloud as he stole past the great oriel [3] window, where his own arms and those of his murdered wife were blazoned in azure and gold. On and on he glided [4], like an evil shadow, the very darkness seeming to loathe [5] him as he passed. Once he thought he heard something call [6], and stopped; but it was only the baying [7] of a dog from the Red Farm, and he went on, muttering strange sixteenth-century curses, and ever and anon [8] brandishing the rusty dagger in the midnight air. Finally he reached the corner of the passage that led to luckless [9] Washington's room. For a moment he paused there, the wind blowing his long grey locks about his head, and twisting into grotesque and fantastic folds the nameless horror of the dead man's shroud. Then the clock struck the quarter, and he felt the time was come [10]. He chuckled to himself, and turned the corner; but no sooner had he done so, than [11], with a piteous wail of terror, he fell back [12], and hid his blanched face in his long, bony hands. Right in front of him was standing a horrible spectre, motionless as a carven image, and monstrous as a madman's dream! Its head was bald and burnished; its face round, and fat, and white; and hideous laughter seemed to have writhed [13] its features into an eternal grin.

---

1. **owl** : [aʊl].

2. **stealthily** ['stelθɪlɪ] : *furtivement* ; dérivé de **stealth** [stelθ], terme que l'on ne rencontre guère que dans l'expression **by stealth**, *furtivement, à la dérobée*. **Stealthy footsteps**, *marche à pas de loup* ; voir aussi l'expression **he stole past** : **to steal** [stiːl] signifie *voler*, mais aussi *se mouvoir furtivement*.

3. **oriel** : ['ɔːrɪəl].

4. **on and on he glided** : ce déplacement et ce redoublement de **on**, parodiant le style épique, donne plus de force dramatique à l'expression.

5. **loathe** [ləʊð] : *détester, haïr*. Ne pas confondre avec l'adj. **loath** [ləʊθ] : **to be loath to do sth**, *répugner à faire qqch*. **Loathing** ['ləʊðɪŋ], *dégoût* ; **loathsome** [ləʊθsəm], *répugnant*.

La chouette se heurtait aux vitres des fenêtres, le corbeau croassait dans le vieil if, et le vent errait en gémissant autour de la maison comme une âme en peine ; mais la famille Otis dormait, dans l'ignorance de son destin, et l'on pouvait entendre, dominant le bruit de la pluie et de l'orage, le ronflement régulier du ministre des Etats-Unis. Le fantôme sortit furtivement des boiseries, un sourire mauvais se dessinait sur sa bouche cruelle et flétrie, et la lune se voila la face derrière un nuage lorsqu'il se glissa à pas de loup devant la grande fenêtre, à encorbellement ornée de blasons d'azur et d'or qui représentaient ses propres armoiries et celles de son épouse assassinée. Il poursuivit sa marche silencieuse, telle une ombre maléfique, et les ténèbres mêmes semblaient frémir de répulsion à son passage. Il crut, une fois, entendre appeler, et il s'arrêta ; ce n'était qu'un chien qui hurlait à la Ferme Rouge, et il poursuivit son chemin, marmonnant d'étranges imprécations du seizième siècle et, de temps à autre, brandissant dans la nuit sa dague rouillée. Il arriva enfin au coin du couloir qui conduisait à la chambre du malheureux Washington. Il s'y arrêta un moment. Le vent faisait flotter autour de son visage ses longues mèches grises, et drapait en plis grotesques et fantastiques l'indicible horreur de son suaire. L'horloge sonna le quart, et il sentit que l'heure était venue. Ricanant sous cape, il tourna le coin du couloir ; mais tout aussitôt, avec un pitoyable gémissement de terreur, il recula, cachant son visage livide dans ses longues mains osseuses. Devant lui se dressait un spectre horrible, immobile comme une statue, monstrueux comme un rêve de dément ! Il avait une tête chauve et luisante, un visage rond, épais, blanc, et un rire hideux semblait lui avoir tordu les traits et les avoir figés en un rictus éternel.

---

6. **he heard something call :** « *il entendit quelque chose appeler* » L'emploi de l'infinitif indique la brièveté de la perception.

7. **baying : to bay,** *hurler* (loup et chien). **To be at bay,** *être aux abois.* Mais le verbe usuel pour *aboyer* est **to bark.**

8. **ever and anon :** expression ancienne = *de temps à autre.* **Anon** employé seul avait le sens de *bientôt, sous peu.*

9 △ **luckless :** terme rare pour **unfortunate,** *malheureux.* Ne pas confondre avec **unlucky** (*qui n'a pas de chance*).

10. △ **the time was come :** expression rare. On dira couramment **the time had come** (plus-que-parfait).

11 **no sooner... than :** même sens que **hardly... when,** entraîne normalement l'inversion lorsqu'il est placé en tête.

12. ▲ **to fall back :** *battre en retraite.*

13 **writhed : to writhe** [raɪð], *se tordre* (de douleur généralement).

From the eyes streamed rays of scarlet light, the mouth was a wide well of fire, and a hideous [1] garment, like to [2] his own, swathed [3] with its silent snows the Titan form. On its breast was a placard [4] with strange writing in antique characters, some scroll [5] of shame it seemed, some record [6] of wild sins, some awful calendar of crime, and, with its right hand, it bore aloft a falchion [7] of gleaming steel.

Never having seen [8] a ghost before, he naturally was terribly frightened, and, after a second hasty [9] glance at the awful phantom, he fled back to his room, tripping up [10] in his long winding-sheet as he sped down the corridor, and finally dropping the rusty dagger into the Minister's jack-boots [11], where it was found in the morning by the butler. Once in the privacy [12] of his own apartment, he flung himself down on a small pallet-bed [13], and hid his face under the clothes. After a time, however, the brave old Canterville spirit asserted itself [14], and he determined to go and speak to the other ghost as soon as it was daylight. Accordingly, just as the dawn was touching the hills with silver, he returned towards the spot where he had first laid eyes on the grisly phantom, feeling that, after all, two ghosts were better than one, and that, by the aid of his new friend, he might safely grapple [15] with the twins. On reaching the spot, however, a terrible sight met his gaze. Something had evidently happened to the spectre, for the light had entirely faded from its hollow eyes, the gleaming falchion had fallen from its hand, and it was leaning up against the wall in a strained and uncomfortable attitude [16].

---

1. **hideous** : ['hɪdɪəs].

2. **like to** : construction archaïque = **similar to**.

3. **swathed** [sweɪðd] : *enveloppé* (d'un vêtement, d'un bandage).

4. **placard** ['plæka:d] : *affiche*. Un placard (de rangement), **cupboard** ['kʌbəd].

5. **scroll** [skrəul] : *rouleau de parchemin, manuscrit ancien*. Pris ici dans le sens ancien de *liste*.

6. △ **record** : ['rekɔ:d]. Le verbe **to record** se prononce [rɪ'kɔ:d]. *Récit, rapport, registre, document historique*. **Public records**, *les archives*.

7. **falchion** ['fɔ:ltʃən] : *arme blanche à large lame courbe*. Désigne parfois le *glaive* dans la langue poétique.

8. **never having seen** : **never** se place ordinairement après l'auxiliaire.

44

De ses yeux s'échappaient des rayons de lumière écarlate, sa bouche était un vaste puits de feu, et un vêtement hideux, pareil au sien, enrobait de ses neiges silencieuses cette stature de titan. Il portait sur la poitrine un écriteau avec une inscription étrange tracée en caractères anciens : quelque catalogue d'infamie, semblait-il, quelque chronique de péchés extravagants, effroyables annales criminelles, et, de la main droite, il brandissait bien haut un badelaire d'acier étincelant.

N'ayant jamais vu de fantôme, il en éprouva naturellement une frayeur extrême et, après avoir jeté en hâte un second regard à cette horrible apparition, il s'enfuit en direction de sa chambre. En se précipitant dans le couloir il se prit les pieds dans les longs pans de son linceul, et enfin laissa tomber sa dague rouillée dans les bottes du ministre, où le maître d'hôtel la retrouva le lendemain matin. Lorsqu'il fut dans le privé de ses appartements, il se jeta sur son étroite paillasse, et se cacha le visage sous les draps. Au bout d'un certain temps l'antique vaillance des Canterville reprit le dessus, et il résolut d'aller dire deux mots à l'autre fantôme dès le point du jour. Donc, dès que l'aube mit sur les collines une touche d'argent, il retourna à l'endroit où son regard s'était posé sur la sinistre apparition, animé du sentiment qu'après tout deux fantômes valaient mieux qu'un et qu'avec l'aide de son nouvel ami il pourrait sans risque affronter les jumeaux. Lorsqu'il parvint à destination, cependant, un terrible spectacle s'offrit à son regard. Quelque chose, de toute évidence, était arrivé au spectre, car la lumière s'était éteinte dans ses yeux caverneux, le badelaire étincelant était tombé de sa main, et il était adossé au mur dans une attitude de contorsion inconfortable.

---

9. **hasty** [heɪstɪ] : renforce **glance** qui signifie déjà *coup d'œil rapide*.

10. **tripping up** : to trip along, *aller d'un pas léger* , **to trip** ou **trip up**, *trébucher* (over sth).

11. **jack-boots** : lourdes *bottes* montant jusqu'au genou

12. △ **privacy** : deux prononciations ['praɪvəsɪ] et ['prɪvəsɪ] , mais une seule pour l'adjectif **private** . ['praɪvɪt].

13. **pallet-bed** : a pallet, *une paillasse*.

14. △ **the brave old Canterville spirit asserted itself ; itself** (neutre) montre qu'il ne s'agit pas du fantôme mais de **spirit**, *vaillance*.

15. **grapple** : to grapple with sbd, with a **difficulty**, *affronter qqun, une difficulté*. A grapple, *un grappin*.

16. **a strained and uncomfortable attitude** : to strain a muscle *se claquer un muscle*

He rushed forward and seized [1] it in his arms, when, to his horror, the head slipped off and rolled on the floor, the body assumed a recumbent posture [2], and he found himself clasping a white dimity bed-curtain, with a sweeping-brush, a kitchen cleaver [3], and a hollow turnip lying at his feet! Unable to understand this curious transformation, he clutched the placard with feverish haste, and there, in the grey morning light, he read these fearful words:

> **Ꝑᴇ ᴏᴛɪs ᴄʜᴏsᴛᴇ.**
> **Ꝑe Onlie True and Originale Spook [4].**
> **Beware of Ꝑe Imitations.**
> **All others are Counterfeite.**

The whole thing flashed across him [5]. He had been tricked, foiled, and outwitted [6]! The old Canterville look came into his eyes; he ground [7] his toothless gums together; and, raising his withered hands high above his head, swore, according to the picturesque phraseology of the antique school, that when Chanticleer had sounded twice his merry horn, deeds of blood would be wrought [8], and Murder walk abroad [9] with silent feet.

Hardly had he finished this awful oath [10] when, from the red-tiled roof of a distant homestead [11], a cock crew. He laughed a long, low, bitter laugh, and waited. Hour after hour he waited, but the cock, for some strange reason, did not crow again.

---

1. **seized** : [si:zd].
2. **the body assumed a recumbent posture** : « *le corps prit une position couchée* ». A recumbent figure : *un gisant*.
3. **cleaver** [kli:və] : *couperet*. To cleave, cleft (parfois **clove, cloven**) *fendre*. **To be in a cleft stick**, *se trouver dans une situation difficile*.
4. **spook** : *fantôme* (en particulier dans une maison hantée).
5. **the whole thing flashed across him** : « *la chose entière le traversa en un éclair* ».
6. **outwitted** : to outwit sbd, *se montrer plus malin que qqun*. **Wits**, *esprit, intelligence* ; **he was at his wits' end**, *il ne savait plus que faire* ; **it was a battle of wits between them**, *ils jouaient au plus fin*. **Wit** : **he has a ready wit**, *il est très spirituel*.

Il s'élança pour le prendre à bras-le-corps, mais, frappé d'horreur, il vit la tête se détacher et rouler à terre, le corps s'affaisser et se coucher, et il se retrouva étreignant un rideau de lit de basin blanc, avec, à ses pieds, un balai brosse, un couperet, et un navet creux ! Dans l'incapacité de comprendre cette curieuse métamorphose, il s'empara de l'écriteau avec une hâte fébrile, et là, dans la grisaille du matin, il lut ces mots terrifiants :

LE FANTÔME DES OTIS
Le Seul et Authentique Revenant Garanti d'Origine
Se Méfier des Imitations
Tous les autres sont des Contrefaçons

La vérité lui apparut en un éclair Il avait été joué, floué, berné ! Le feu qui brillait dans le regard des anciens Canterville s'alluma dans ses yeux. Il serra ses gencives édentées, leva sa main flétrie au-dessus de sa tête, et jura selon la pittoresque phraséologie de l'ancienne école que, lorsque Chanteclair aurait fait par deux fois retentir sa joyeuse fanfare, s'accompliraient des actes sanglants, et que le Meurtre s'avancerait à pas silencieux.

A peine avait-il prononcé cet horrible serment que sur le toit de tuiles rouges d'une ferme lointaine un coq chanta. Le fantôme partit d'un long rire grave et cruel, et attendit. Il attendit une heure, une autre, mais le coq, pour quelque raison étrange, s'abstint de chanter une seconde fois.

---

7. **ground : to grind**, *moudre*. **Grindstone**, *meule* (à affûter). **To grind one's teeth**, *grincer des dents* ; **to grind to powder**, *pulvériser* ; **they were ground down by poverty**, *ils étaient accablés par la misère* ; **to have an axe to grind** (« *avoir une hache à aiguiser* »), *prêcher pour son saint*.

8. **deeds of blood would be wrought :** « *des actes de sang seraient accomplis* ». **Wrought**, ancien prétérit et part. passé de **to work**. The destructions wrought by the flood, *les dégâts causés par les inondations* ; **wrought-iron gate**, *grille en fer forgé*

9. **walked abroad : abroad** est pris ici au sens de *au-dehors*. **There were plenty of people abroad**, *il y avait beaucoup de monde dehors*.

10. **oath** [əʊθ] **:** *serment*.

11. **homestead :** farmhouse with the land around it.

Finally, at half past seven, the arrival of the housemaids made him give up his fearful vigil [1], and he stalked back to his room [2], thinking of his vain hope and baffled purpose [3]. There he consulted several books of ancient chivalry [4], of which he was exceedingly fond, and found that, on every occasion on which his oath had been used, Chanticleer had always crowed a second time. "Perdition seize the naughty fowl [5]", he muttered, "I have seen the day when, with my stout spear [6], I would have run him through the gorge, and made him crow for me an'twere [7] in death!" He then retired to a comfortable lead coffin, and stayed there till evening.

4

The next day the ghost was very weak and tired. The terrible excitement of the last four weeks was beginning to have its effect. His nerves were completely shattered, and he started at the slightest noise. For five days he kept his room, and at last made up his mind to give up the point of the blood-stain on the library floor. If the Otis family did not want it, they clearly did not deserve it. They were evidently people on a low, material plane of existence, and quite incapable of appreciating the symbolic value of sensuous [8] phenomena. The question of phantasmic apparitions, and the development of astral bodies, was of course quite a different matter, and really not under his control.

---

1. **vigil** ['vɪdʒɪl] : *veille*, qui se dit aussi **watch**.
2. **stalked back to his room : to stalk** signifie *marcher d'une allure fière et raide*, mais on l'emploie en particulier pour exprimer le mouvement d'un personnage inquiétant, ou d'une calamité. **The murderer stalked the streets for hours**, *le meurtrier parcourut les rues des heures durant* ; **famine stalked the land**, *la famine régnait dans le pays*. **To stalk an animal**, *traquer un animal* ; **to stalk a suspect**, *filer un suspect*. **A deer-stalker**, *un chasseur de cerf* (à pied) mais aussi *chapeau* à la Sherlock Holmes.
3. **baffled purpose : to baffle**, *déconcerter*. **To baffle pursuers**, *semer des poursuivants* ; **to baffle a plot**, *déjouer un complot* ; **to baffle hopes**, *tromper des espoirs*.
4. △ **chivalry :** ['ʃɪvəlrɪ].
5. △ **perdition seize the naughty fowl :** l'absence de s à **seize** montre qu'il ne s'agit pas d'un indicatif présent, mais d'un sub-

Enfin, à sept heures et demie, l'arrivée des femmes de chambre l'obligea à renoncer à sa terrible veille, et il regagna sa chambre, retournant dans ses pensées ses espérances vaines et ses plans contrariés. Il consulta plusieurs ouvrages de chevalerie ancienne dont il raffolait et constata qu'à chaque fois que ce serment avait été prononcé, Chanteclair n'avait jamais manqué de chanter une seconde fois. « La perdition saisisse cette méchante volaille, marmonna-t-il. J'ai connu le temps où ma robuste lance lui aurait traversé le col, et l'aurait fait chanter pour moi, fût-ce en expirant ! » Puis il se retira dans un confortable cercueil de plomb, où il demeura jusqu'au soir.

4

Le lendemain le fantôme était dans un état de grande faiblesse et de lassitude. L'agitation terrible des quatre semaines précédentes commençait à faire sentir ses effets. Ses nerfs avaient complètement craqué, et il sursautait au moindre bruit. Il garda la chambre pendant cinq jours et prit finalement la décision de ne plus s'occuper de la tache de sang dans la bibliothèque. Si les Otis n'en voulaient pas, il était manifeste qu'ils ne la méritaient pas. C'étaient évidemment des gens dont l'existence se situait à un niveau inférieur et matériel, tout à fait incapables d'apprécier la valeur symbolique des perceptions sensibles. La question des apparitions spectrales et du développement des corps astraux, c'était, bien sûr, une affaire différente, qui n'était pas vraiment de sa compétence.

---

jonctif permettant d'exprimer un vœu ; par ex. : **God save the Queen** ; **be that as it may**, *quoi qu'il en soit* ; **Heaven forbid**, *à Dieu ne plaise*. **Fowl** [faul] (généralement invariable) signifie à l'origine *oiseau*, et désigne aujourd'hui un oiseau de basse-cour, ou un gibier à plume. **Fish, flesh, fowl**, *poissons, viandes, volaille*.

6. **stout spear** [spɪə] : **stout** signifie **thick and strong**. **They offered the stoutest resistance**, *ils offrirent la plus vive résistance*.

7. **an'twere** : archaïque pour **if it were**.

8. △ **sensuous** ['sensjuəs] : ici, *qui affecte les sens*. Signifie également *qui apporte du plaisir* et *sensuel*.

It was his solemn duty to appear in the corridor once a week, and to gibber from the large oriel window on the first and third Wednesday in every month, and he did not see how he could honourably [1] escape from his obligations. It is quite true that his life had been very evil [2], but, upon the other hand, he was most conscientious [3] in all things connected with the supernatural. For the next three Saturdays [4], accordingly, he traversed the corridor as usual between midnight and three o'clock, taking every possible precaution against being either heard or seen. He removed his boots, trod as lightly as possible on the old worm-eaten boards [5], wore a large black velvet cloak, and was careful to use the Rising Sun Lubricator for oiling his chains. I am bound to acknowledge that it was with a good deal of difficulty that he brought himself to adopt this last mode of protection. However, one night, while the family were at dinner, he slipped into Mr Otis's bedroom and carried off the bottle. He felt a little humiliated [6] at first, but afterwards was sensible enough to see that there was a great deal to be said for [7] the invention, and, to a certain degree, it served his purpose. Still, in spite of everything, he was not left unmolested [8]. Strings were continually being stretched across the corridor, over which he tripped [9] in the dark, and on one occasion, while dressed for the part of "Black Isaac, or the Huntsman of Hogley Woods", he met with a severe fall, through treading on a butter-slide [10], which the twins had constructed from the entrance of the Tapestry Chamber to the top of the oak staircase.

---

1. **honourably** ['ɒnərəblɪ] : « *comment il pouvait honorablement échapper à ses obligations* ».
2. △ **evil** [iːvl] : « *sa vie avait été mauvaise* ». **Evil** est adjectif ou substantif. **Taxation is a necessary evil**, *l'impôt est un mal nécessaire* ; **he gave her the evil eye**, *il lui a jeté le mauvais œil*. Ne pas confondre avec **devil** [devl], *diable*.
3. **conscientious** : ['kɒnʃɪ'enʃəs].
4. △ **for the next three Saturdays** : noter l'ordre des adjectifs. De même **first** et **last** se placent devant un adjectif numéral. **The first ten**, *les dix premiers* ; **the last two**, *les deux derniers*.
5. **worm-eaten boards** : **worm-eaten** [wɜːmiːtən], *mangé des vers*. **Boards**, *planches* ; ici, *lames* de parquet.
6. **humiliated** : [hjuː'mɪlɪeɪtɪd].
7. **there was a great deal to be said for** : « *il y avait beaucoup à dire en faveur de* ».

Il était de son devoir solennel d'apparaître dans le couloir une fois par semaine, et de débiter son charabia devant la grande fenêtre à encorbellement, les premier et troisième mercredis de chaque mois, et il ne voyait pas comment il pourrait, sans faillir à l'honneur, se soustraire à ses obligations. Il est bien vrai qu'il avait mené une vie de scélérat, mais, d'un autre côté, il était très consciencieux dans tout ce qui avait trait au surnaturel. Les trois samedis suivants, par conséquent, il parcourut le couloir comme de coutume entre minuit et trois heures, en veillant autant que faire se pouvait à n'être ni vu ni entendu. Il enlevait ses bottes, marchait d'un pas aussi léger que possible sur les lames du vieux parquet vermoulu, et prenait la précaution d'utiliser le Lubrifiant du Soleil Levant pour graisser ses chaînes. Il me faut reconnaître que ce n'est pas sans peine qu'il se força à user de cette protection. Un soir, cependant, alors que la famille était en train de dîner, il se glissa dans la chambre de M. Otis et s'empara de la bouteille. Il se sentit d'abord quelque peu humilié, mais il eut par la suite assez de bon sens pour reconnaître que cette invention avait bien des mérites et que, dans une certaine mesure, elle servait ses desseins. Et pourtant, en dépit de tout, on ne le laissa pas en paix. On tendait constamment dans le couloir des ficelles qui le faisaient trébucher dans l'obscurité, et une fois, alors qu'il s'était costumé pour incarner le personnage d'« Isaac le Noir, ou le Chasseur de Hogley Woods », il fit une chute sévère en marchant sur une glissoire que les jumeaux avaient installée entre la Chambre des Tapisseries et le haut de l'escalier.

---

8. **he was not left unmolested :** « *il ne fut pas laissé sans être importuné* ». To be unmolested = to do something without being stopped or interfered with. **To molest,** *importuner, rudoyer.* Molester se dira généralement **to manhandle, to maul** [mɔːl].
9. **over which he tripped :** « *sur lesquelles il trébuchait* ».
10. **through treading on a butter-slide :** because he trod on a butter-slide. **To tread (trod, trodden) on,** *marcher, mettre le pied sur qqch.* **To tread on sbd's heels,** *talonner qqun ;* **to tread sth underfoot,** *fouler qqch. aux pieds.* **We are treading on thin ice,** *nous sommes sur un terrain dangereux.* **Butter-slide,** planche enduite de beurre ou de graisse sur laquelle il est impossible de se tenir debout.

This last insult so enraged him, that he resolved to assert his dignity, and determined to visit [1] the insolent young Etonians the next night in his celebrated character of "Reckless Rupert, or the Headless Earl".

He had not appeared in this disguise for more than seventy years; in fact, not since [2] he had so frightened pretty Lady Barbara Modish by means of it [3], that she suddenly broke off her engagement with the present Lord Canterville's grandfather, and ran away to Gretna Green [4] with handsome Jack Castleton, declaring that nothing in the world would induce her to marry into a family [5] that allowed such a horrible phantom to walk up and down the terrace at twilight. Poor Jack was afterwards shot in a duel by Lord Canterville on Wandsworth Common, and Lady Barbara died of a broken heart at Tunbridge Wells [6] before the year was out, so, in every way, it had been a great success. It was, however, an extremely difficult "make-up", if I may use such a theatrical expression in connection with one of the greatest mysteries of the supernatural, or, to employ a more scientific term, the higher-natural world, and it took him fully three hours to make his preparations. At last everything was ready, and he was very pleased with his appearance [7]. The big leather riding-boots that went with the dress were just a little too large for him, and he could only find one of the two horse-pistols [8], but, on the whole, he was quite satisfied, and at a quarter past one he glided out of the wainscoting and crept [9] down the corridor.

---

1. **visit :** doit être pris ici avec un double sens, le sens ordinaire de *visiter*, mais aussi le sens plus ancien to affect in an unpleasant or frightening way Visited by a disease, *affligé d'une maladie* , visited by bad dreams, *tourmenté par de mauvais rêves*. Voir aussi the sins of the fathers shall be visited upon the children, *les enfants expieront les péchés de leurs pères.*

2 **he had not appeared... for... since :** comme l'indique **since** les soixante-dix ans sont à compter du moment où il effraie Lady Barbara jusqu'au moment de ce récit.

3. **by means of it :** « *par le moyen de ceci* ».

4. **Gretna Green :** petite localité située sur la frontière entre l'Ecosse et l'Angleterre, à quelques kilomètres au nord de Carlisle. Les jeunes couples avaient la possibilité de s'y marier dès leur arrivée, sans le consentement de leurs parents.

Ce dernier affront le plongea dans une telle rage qu'il résolut de faire respecter sa dignité et décida d'aller châtier les deux jeunes insolents Etoniens la nuit suivante, sous les traits de « Rupert le Téméraire, ou le Comte sans Tête ».

Cela faisait plus de soixante-dix ans qu'il ne s'était montré sous ce déguisement, depuis ce jour où il avait, ce faisant, causé une telle frayeur à la jolie Lady Barbara Modish qu'elle avait soudain rompu ses fiançailles avec le grand-père de l'actuel Lord Canterville et s'était enfuie à Gretna Green avec le beau Jack Castleton, déclarant que rien au monde ne la ferait entrer dans une famille qui autorisait un fantôme aussi horrible à se promener au crépuscule sur la terrasse. Le pauvre Jack fut par la suite tué en duel d'un coup de pistolet par Lord Canterville sur le pré communal de Wandsworth, et Lady Barbara, le cœur brisé, mourut à Tunbridge Wells, moins d'un an après, si bien qu'à tout point de vue l'opération avait été un grand succès. Il s'agissait cependant d'une « composition » extrêmement difficile, s'il m'est permis d'employer une expression si théâtrale en parlant de l'un des plus grands mystères du monde surnaturel, ou, pour employer un terme plus scientifique, du monde de la nature supérieure, et il lui fallut trois bonnes heures pour se préparer. Tout fut enfin prêt, et il était très satisfait de son personnage. Les grandes bottes de cuir qui allaient avec le costume étaient juste un peu trop grandes pour lui, et il ne put trouver qu'un seul des deux pistolets d'arçon, mais dans l'ensemble il n'était pas du tout mécontent lorsqu'à une heure un quart il se glissa hors des boiseries et s'avança silencieusement le long du couloir.

---

5. **(to) marry into a family :** *entrer dans une famille par le mariage.*

6. **Tunbridge Wells** : petite ville résidentielle au sud-est de Londres (à mi-chemin de Londres et de Hastings), qui était très à la mode et fréquentée par la meilleure société.

7. **he was very pleased with his appearance :** « *il était très satisfait de son apparence* ». **To have a good appearance**, *faire bonne figure.*

8. **horse-pistol :** fort *pistolet* dont s'armait un cavalier, et qu'il plaçait dans les fontes de sa selle (**holsters**).

9. **crept : to creep** est pris ici dans le sens de **to move slowly and silently.**

On reaching the room occupied by the twins, which I should mention was called[1] the Blue Bed Chamber, on account of the colour of its hangings[2], he found the door just ajar[3]. Wishing to make an effective[4] entrance, he flung it wide open, when a heavy jug of water fell right down on him, wetting him to the skin[5], and just missing his left shoulder by a couple of inches. At the same moment he heard stifled shrieks of laughter proceeding from the four-post bed[6]. The shock to his nervous system was so great that he fled back to his room as hard as he could go[7], and the next day he was laid up with a severe cold. The only thing that at all[8] consoled him in the whole affair was the fact that he had not brought his head with him, for, had he done so[9], the consequences might have been very serious.

He now gave up all hope of ever frightening this rude American family, and contented himself, as a rule, with creeping about the passages in list slippers, with a thick red muffler round his throat for fear of draughts[10], and a small arquebuse[11], in case he should be attacked by the twins. The final blow he received occurred on the 19th of September. He had gone downstairs to the great entrance-hall, feeling sure that there, at any rate, he would be quite unmolested, and was amusing himself by making satirical remarks on the large Saroni photographs of the United States Minister and his wife, which had now taken the place of the Canterville family pictures. He was simply but neatly clad in a long shroud, spotted with church-yard mould, had tied up his jaw with a strip of yellow linen, and carried a small lantern and a sexton's[12] spade.

---

1. ⚠ **which I should mention was called** : double relative assez fréquente en anglais avec un verbe déclaratif ou d'opinion (**to say, to mention**, to think, to believe, etc.) L'exemple suivant montre comment elle fonctionne : **you said this book was very interesting ; I have read it. → I have read this book which you said was very interesting**.

2. **hangings** : large pieces of cloth put as a decoration on a wall or as curtains, *tentures, rideaux*.

3. **ajar** : [ə'dʒɑː].

4. **effective** : 1) *qui produit l'effet souhaité* : **an effective way**, *une manière efficace* ; **the effective working of a machine**, *le bon fonctionnement d'une machine* ; 2) ici, *qui produit un certain effet* = **striking, impressive**.

5. **wetting him to the skin** : « *le mouillant jusqu'à la peau* ».

54

En arrivant à la chambre des jumeaux, dont je dois préciser qu'on l'appelait la Chambre au'Lit Bleu, à cause de la couleur des tentures, il constata que la porte était entrouverte. Comme il désirait faire une entrée qui ne manquerait pas d'effet, il l'ouvrit à toute volée et une lourde cruche d'eau s'abattit sur lui, le trempant jusqu'aux os, et manquant d'un rien son épaule gauche. Au même moment il entendit des éclats de rire étouffés qui provenaient du lit à baldaquin. Ses nerfs en furent tellement ébranlés qu'il s'enfuit dans sa chambre de toute la vitesse dont il était capable et que le lendemain il dut rester au lit avec un gros rhume. La seule chose qui le consolait dans cette affaire c'était qu'il était allé chez les jumeaux sans sa tête, car s'il l'avait eue, les conséquences auraient pu être extrêmement sérieuses.

Il abandonna alors tout espoir de jamais terroriser cette famille de rustres américains, et se contenta, en règle générale, de se glisser dans les couloirs, en chaussons de lisière, la gorge enveloppée d'une épaisse écharpe rouge pour se protéger des courants d'air, et armé d'une petite arquebuse au cas où il serait attaqué par les jumeaux. L'ultime coup lui fut assené le 19 septembre. Il était descendu dans le grand hall d'entrée, assuré que là, au moins, il ne serait pas dérangé, et s'amusait à faire des commentaires sarcastiques sur les grandes photos du ministre des Etats-Unis et de sa femme, œuvres de Saroni, qui avaient désormais remplacé les portraits de famille des Canterville. Il était simplement mais correctement vêtu d'un long suaire tacheté de moisissures de cimetière, il avait maintenu sa mâchoire en place à l'aide d'une bande de linge jaune, et tenait à la main une lanterne ainsi qu'une pelle de fossoyeur.

---

6. **four-post bed** : on emploie plus souvent **four-poster**, ou **four-poster bed**, pour désigner un *lit à baldaquin*.

7. **as hard as he could go** : à rapprocher de **to run hard**, *courir à toutes jambes*.

8. △ **at all** : s'emploie aussi bien avec une expression positive dans le sens de *vraiment, réellement* que dans une expression négative (*not at all, pas du tout*).

9. △ **had he done so** : inversion hypothétique = **if he had done so** = **if he had brought his head with him**.

10. **draughts** (en américain **drafts**) : [drɑːfts]. **A draughty** [drɑːftɪ] **street corner**, *un coin de rue exposé aux courants d'air.*

11. **arquebuse** (ou **harquebuse**) : [ˈɑːkwɪbəs].

12. **sexton** : homme qui fait souvent office de sacristain, de bedeau et de fossoyeur à la fois.

In fact, he was dressed for the character of "Jonas the Graveless, or the Corpse-Snatcher [1] of Chertsey Barn", one of his most remarkable impersonations, and one which the Cantervilles had every reason to remember, as it was the real origin of their quarrel with their neighbour, Lord Rufford. It was about a quarter past two o'clock in the morning, and, as far as [2] he could ascertain, no one was stirring. As he was strolling towards the library, however, to see if there were any traces left of the blood-stain, suddenly there leaped out on him [3] from a dark corner two figures, who waved their arms wildly above their heads, and shrieked out "BOO!" in his ear.

Seized with a panic [4], which, under the circumstances, was only natural, he rushed for the staircase, but found Washington Otis waiting for him there with the big garden-syringe; and being thus hemmed in by his enemies [5] on every side, and driven almost to bay [6], he vanished into the great iron stove, which, fortunately for him, was not lit, and had to make his way home through the flues [7] and chimneys, arriving at his own room in a terrible state of dirt, disorder, and despair.

After this he was not seen again on any nocturnal expedition. The twins lay in wait [8] for him on several occasions, and strewed [9] the passages with nutshells every night to the great annoyance of their parents and the servants, but it was of no avail [10]. It was quite evident that his feelings were so wounded [11] that he would not appear.

---

1. **snatcher :** to snatch, *saisir brusquement*, d'où *voler, kidnapper*.
2. **as far as :** « *aussi loin que* » ; au sens figuré, *dans la mesure où*.
3. ⚠ **suddenly there leaped out on him : there** permet l'inversion sujet/verbe, qui donne plus de vigueur à l'expression, et son emploi se limite ici à ce seul rôle d'instrument grammatical.
4. ⚠ **a panic : panic** peut se comporter comme un nom dénombrable (**a panic**, bien qu'on ne le rencontre pas au pluriel) ou comme un non dénombrable (**panic**). **A panic** prend un sens plus concret : *un mouvement de panique ; grande hâte et agitation*. **These rumours spread panic**, *ces rumeurs ont semé la panique* ; **it started a panic on the Stock Exchange**, *cela déclencha un mouvement de panique à la Bourse* ; **what's the panic ?** *qu'est-ce que c'est que cette agitation ?*
5. **hemmed in by his enemies : to hem in**, *cerner, environner*, dérivé de **hem**, *ourlet*.

En fait il avait revêtu le costume de « Jonas Sans Sépulture, ou le Voleur de Cadavres de Chestney Barn », l'une de ses compositions les plus remarquables, dont les Canterville avaient toute raison de se souvenir car c'était là l'origine de leur querelle avec leur voisin Lord Rufford. Il était environ deux heures un quart du matin et, dans la mesure où il pouvait s'en assurer, personne ne bougeait dans la maison. Mais alors qu'il se dirigeait tranquillement vers la bibliothèque pour voir s'il restait quelques traces de la tache de sang, deux silhouettes jaillirent hors d'un recoin obscur et bondirent sur lui : « HOUOU ! » lui crièrent-elles dans l'oreille en agitant frénétiquement leurs bras au-dessus de leur tête.

Pris de panique, ce qui, dans ces circonstances, n'avait rien que de naturel, il se précipita vers l'escalier, mais trouva Washington Otis qui l'attendait muni de la grosse seringue de jardin ; ainsi encerclé d'ennemis, presque aux abois, il disparut dans le grand poêle de fonte qui, par bonheur, n'était pas allumé, et dut regagner son logis par les conduits et les cheminées, pour arriver dans sa chambre dans un terrible état de crasse, de désordre et de désespoir.

Après cet incident, on ne le vit plus partir en expédition nocturne. Les jumeaux l'attendirent en embuscade à plusieurs reprises et chaque soir parsemèrent le couloir de coques de noix au grand dam de leurs parents et des domestiques, mais ce fut en vain. Il était parfaitement évident que, trop humilié, le fantôme refusait d'apparaître.

---

6. **driven to bay :** à rapprocher de l'expression **to be at bay**, *être aux abois.*

7. **flues** [flu:z] **:** désigne soit les *conduits* de cheminée, soit les *tuyaux* de poêle.

8. **lay in wait : to lie in wait**, to lie in ambush, *se tenir en embuscade.*

9. **strewed : to strew, strewed, strewn** (ou **strewed** plus rarement), *répandre, éparpiller.* **To be strewn with**, *être jonché de.*

10. **it was of no avail :** *cela ne servit à rien.* **It is of no avail to complain**, *il est vain de se plaindre ;* **it is of little avail**, *cela ne sert pas à grand-chose.* A rapprocher de **to avail : to avail oneself of an opportunity**, *se saisir d'une occasion ;* **to avail oneself of a right**, *se prévaloir d'un droit.*

11. **his feelings were so wounded :** « *ses sentiments furent si blessés* ».

Mr Otis consequently resumed [1] his great work on the history of the Democratic Party, on which he had been engaged [2] for some years; Mrs Otis organized a wonderful clambake [3], which amazed the whole country; the boys took to lacrosse, euchre, poker, and other American national games; and Virginia rode about the lanes on her pony, accompanied by the young Duke of Cheshire, who had come to spend the last week of his holidays at Canterville Chase. It was generally assumed that the ghost had gone away, and, in fact, Mr Otis wrote a letter to that effect to Lord Canterville, who, in reply, expressed his great pleasure at the news [4], and sent his best congratulations to the Minister's worthy wife.

The Otises, however, were deceived [5], for the ghost was still in the house, and though now almost an invalid [6], was by no means [7] ready to let matters rest, particularly as he heard that among the guests was the young Duke of Cheshire, whose grand-uncle, Lord Francis Stilton, had once bet a hundred guineas with Colonel [8] Carbury that he would play dice [9] with the Canterville ghost, and was found the next morning lying on the floor of the card-room in such a helpless paralytic state, that though he lived on to a great age, he was never able to say anything again but "Double Sixes". The story was well known at the time, though, of course, out of respect to the feelings of the two noble families, every attempt was made to hush it up; and a full account of all the circumstances connected with it will be found in the third volume of Lord Tattle's [10] *Recollections of the Prince Regent and his Friends.*

---

1. ▲ **to resume** [n'zju:m] : *recommencer, reprendre.* We resume work on Monday, *nous reprenons le travail lundi* ; he resumed his seat, *il se rassit. Résumer* se dit le plus souvent **to sum up.**
2. **engaged : to be engaged on** : les constructions les plus courantes de **to engage** sont **to be engaged in/on a work,** *être engagé dans une tâche* ; **to engage in a conversation, in a controversy,** **a competition** ; **to engage oneself to do sth.**, *s'engager à faire qqch.*
3. **clambake :** de **clam,** sorte de grosse *praire,* et **to bake,** *cuire* (au four). Réunion en plein air où l'on servait ces coquillages et autres fruits de mer cuits sur des pierres chauffées, sous un lit d'algues.
4. △ **the news : news,** invariable, singulier. *Une nouvelle,* **a piece of news.** Signifie également *informations* (à la radio ou à la télé-

58

Mr Otis, par conséquent, reprit son grand œuvre consacré à l'histoire du Parti démocrate, auquel il travaillait depuis plusieurs années, Mrs Otis organisa un merveilleux pique-nique à l'américaine qui étonna tout le comté, les garçons se mirent au jeu de « lacrosse », à l'euchre, au poker, et à d'autres jeux typiquement américains, et Virginia, en selle sur son poney, parcourut les chemins du domaine accompagnée du jeune duc de Cheshire, qui était venu passer sa dernière semaine de vacances à Canterville Chase. On estimait généralement que le fantôme était parti et, de fait, Mr Otis adressa une lettre à Lord Canterville pour l'en informer, et ce dernier, dans sa réponse, exprima le grand plaisir que lui procurait cette nouvelle et envoya ses plus vives félicitations à la digne épouse du ministre.

Les Otis, pourtant, s'abusaient, car le fantôme était toujours là, et bien qu'il fût presque grabataire, il n'était nullement disposé à laisser les choses en l'état, surtout lorsqu'il apprit que parmi les invités figurait le jeune duc de Cheshire dont le grand-oncle, Lord Francis Stilton, avait un jour parié cent guinées avec le colonel Carbury qu'il jouerait aux dés avec le fantôme de Canterville, et fut retrouvé le lendemain matin gisant sur le parquet de la salle de jeu, frappé d'une paralysie si sévère que malgré le grand âge auquel il mourut il ne fut plus jamais capable d'articuler autre chose que « double six ». L'histoire était fort connue à l'époque, bien que, naturellement, par respect pour ces deux nobles familles, on fît tout pour l'étouffer ; mais l'on trouvera un récit complet de tous les faits qui s'y rapportent dans le troisième volume de l'ouvrage de Lord Tattle, *Souvenirs du Prince Régent et de ses amis.*

___

vision) : **I didn't listen to the news**, *je n'ai pas écouté les informations* , **news agency**, *agence de presse.*
5. **deceived : ▲ to deceive**, *tromper.* **Deception**, *tromperie.* **He is incapable of deception**, *il est incapable de tromper le monde.* **Deceptive**, *trompeur, mensonger. Décevoir se dira* **to disappoint**, *et déception*, **disappointment**.
6. **invalid** ['ınvəlıd] : *malade, infirme, invalide.* **An invalid chair**, *un fauteuil d'infirme. Un invalide peut se dire* **an invalid**, *ou* **a disabled person** ; *un invalide de guerre*, **a disabled ex-serviceman** *ou* **an invalid soldier**.
7 **by no means** : « *d'aucune manière* ».
8. **colonel** : ['kɜːnəl].
9. **dice** : *invariable, dé/dés.* **To dice with death**, *mettre sa vie en péril.* **To dice**, *couper en dés.*
10. **Lord Tattle** : *to tattle signifie* jaser, *cancaner.*

The ghost, then, was naturally very anxious [1] to show that he had not lost his influence over the Stiltons, with whom, indeed, he was distantly connected, his own first cousin having been married *en secondes noces* to the Sieur de Bulkeley, from whom, as everyone knows, the Dukes of Cheshire are lineally descended [2]. Accordingly, he made arrangements for appearing to Virginia's little lover in his celebrated impersonation of "The Vampire [3] Monk, or the Bloodless Benedictine [4]", a performance so horrible that when old Lady Startup saw it, which she did [5] on one fatal New Year's Eve [6], in the year 1764, she went off into the most piercing shrieks, which culminated in violent apoplexy [7], and died in three days, after disinheriting the Cantervilles, who were her nearest relations [8], and leaving all her money to her London apothecary [9]. At the last moment, however, his terror of the twins prevented his leaving his room [10], and the little Duke slept in peace under the great feathered canopy in the Royal Bedchamber, and dreamed of Virginia.

5

A few days after this, Virginia and her curly-haired cavalier [11] went out riding on Brockley meadows, where she tore her habit [12] so badly in getting through a hedge, that, on her return home, she made up her mind to go up by the back staircase so as not to be seen.

---

1 ▲ **anxious** ['æŋkʃəs] : to be anxious to do sth, *désirer vivement faire qqch.* , to be anxious that sth should happen, *souhaiter ardemment que qqch. se produise.*

2. **lineally descended** : ['lɪnɪəlɪ]. Noter la construction de **descended** to be descended from sbd, *descendre de qqun.*

3 **vampire** : ['væmpaɪə].

4. **benedictine** : [benɪ'dɪktɪn].

5 △ **which she did** : **which**, ici relatif de liaison, reprenant la proposition précédente (**saw it**), « *ce qu'elle fit* ».

6 **on one fatal New Year's Eve** : comme la date est précisée (1764) il n'est pas possible de traduire **one** par *une*. **New Year's Eve**, « *la veille du Nouvel An* ». De même **Christmas Eve**, *nuit de Noël*.

7 **apoplexy** : ['æpəpleksɪ].

8. ▲ **relations** : *parents* (à l'exception des proches) ; on dit aussi

Le fantôme, donc, tenait naturellement beaucoup à montrer qu'il n'avait pas perdu son pouvoir sur les Stilton auxquels, en fait, il était vaguement apparenté puisque sa propre cousine germaine avait épousé *en secondes noces* le Sieur de Bulkeley dont, chacun le sait, les ducs de Cheshire descendent en ligne directe. Il prit par conséquent ses dispositions pour apparaître au petit ami de Virginia dans son rôle célèbre du « Moine Vampire, ou le Bénédictin Exsangue », apparition si terrible que lorsque la vieille Lady Startup la vit, en cette nuit fatale de la Saint-Sylvestre de l'an 1764, elle se mit à pousser les cris les plus perçants qui s'achevèrent en une violente attaque d'apoplexie, et mourut en trois jours après avoir déshérité les Canterville qui étaient ses parents les plus proches, et laissé tout son argent à son apothicaire londonien. Au dernier moment, toutefois, la terreur que lui inspiraient les jumeaux lui interdit de quitter sa chambre, et le petit duc dormit en paix sous le grand baldaquin à plumes de la Chambre Royale, en rêvant de Virginia.

5

Quelques jours plus tard, Virginia et son chevalier servant à la tête bouclée s'en furent faire une promenade à cheval par les prés de Brockley où, en franchissant une haie, elle fit un si vilain accroc à son habit qu'elle décida , à son retour, de monter par l'escalier de derrière afin de ne pas être vue.

---

relatives. *Relations* (personnes que l'on connaît) se dira **acquaintances** ou **connections**.
9. **apothecary** : [ə'pɒθɪkərɪ].
10. △ **prevented his leaving the room** : « empêcha le fait qu'il quitte sa chambre ». Ne pas confondre **to prevent**, empêcher, prévenir et **to prevent somebody from doing sth**, empêcher qqun de faire qqch. **The accident could have been prevented**, l'accident aurait pu être évité ; **he was prevented from leaving his room**, on l'a empêché de quitter sa chambre.
11. **cavalier** ['kævəlɪə] : gentleman escorting a lady, chevalier servant. Ne s'emploie plus guère que comme adjectif : **a cavalier attitude**, une attitude cavalière.
12. **habit** : ici pour **riding-habit** = **woman's riding dress**.

As she was running past the Tapestry Chamber, the door of which [1] happened to be open, she fancied she saw some one inside, and thinking it was her mother's maid, who sometimes used to bring her work there, looked in [2] to ask her to mend her habit. To her immense surprise, however, it was the Canterville Ghost himself! He was sitting by the window, watching the ruined gold of the yellow trees fly through the air, and the red leaves dancing madly down the long avenue. His head was leaning on his hand, and his whole attitude was one of extreme depression. Indeed, so forlorn [3], and so much out of repair did he look, that little Virginia, whose first idea had been to run away and lock herself in her room, was filled with pity, and determined to try and comfort him. So light was her footfall [4], and so deep his melancholy [5], that he was not aware of her presence till she spoke to him.

"I am so sorry for you", she said, "but my brothers are going back to Eton tomorrow, and then, if you behave yourself [6], no one will annoy you."

"It is absurd asking me [7] to behave myself", he answered, looking round in astonishment at the pretty little girl who had ventured to address him, "quite absurd. I must rattle my chains, and groan through keyholes, and walk about at night, if that is what you mean. It is my only reason for existing [8]."

"It is no reason at all for existing, and you know you have been very wicked. Mrs Umney told us, the first day we arrived here, that you had killed your wife [9]."

---

1. **the door of which :** cette forme du génitif **the... of which** était à l'époque normale avec un neutre. On dira aujourd'hui **whose door**. Noter la construction **the door happened to be open**, à laquelle peut correspondre une tournure impersonnelle en français : *il se trouvait que...* ; **I just happened to be there**, *je me trouvais simplement là par hasard/il se trouvait simplement que j'étais là*.

2. **looked in ; to look in,** *entrer pour voir* (sans préméditation).

3. **forlorn** [fə'lɔːn] : *désespéré, désolé.*

4. △ **so light was her footfall :** « *si léger était le bruit de son pas* ». L'inversion **was her footfall** est possible parce que l'adjectif attribut **light** est placé en tête de proposition.

5. △ **melancholy :** ['melənkəlı]. **Melancholy** est également adjectif : **such was the melancholy truth,** *telle était la triste vérité* :

Alors qu'elle passait en courant devant la Chambre des Tapisseries dont la porte se trouvait ouverte elle crut y voir quelqu'un et, pensant qu'il s'agissait de la femme de chambre de sa mère, qui parfois y apportait son ouvrage, elle entra pour lui demander de raccommoder son habit. A son immense surprise, c'était le Fantôme de Canterville en personne ! Il était assis près de la fenêtre, suivant du regard le vol des lambeaux d'or arrachés aux arbres jaunis et la folle danse des feuilles rouges le long de l'allée. Il avait la tête appuyée sur la main, et toute son attitude exprimait une détresse extrême. Il avait en vérité l'air si désolé, si irrémédiablement désemparé, que la petite Virginia, qui avait d'abord songé à s'enfuir pour aller s'enfermer dans sa chambre, fut prise de pitié et se mit en tête d'essayer de le réconforter. Elle marchait d'un pas si léger et la mélancolie du fantôme était si profonde qu'il ne se rendit compte de sa présence qu'au moment où elle lui adressa la parole.

« Je suis navrée de ce qui vous est arrivé, dit-elle, mais mes frères repartent pour Eton demain. Alors, si vous vous conduisez correctement, personne ne vous fera d'ennuis. »

« Me demander de me conduire correctement, c'est absurde », répondit-il en jetant un regard ébahi sur la charmante fillette qui s'était risquée à s'adresser à lui, « parfaitement absurde. Il faut bien que j'agite mes chaînes, que je pousse mes gémissements au trou des serrures, et que je me promène la nuit, si c'est ce que vous voulez dire. C'est ma seule raison d'être. »

« Ce n'est absolument pas une raison d'être, et vous savez bien que vous avez été très méchant. Le jour de notre arrivée, Mrs Umney nous a dit que vous aviez tué votre femme. »

---

he was growing melancholy, « *il devenait mélancolique* », *il sombrait dans la mélancolie.* **A melancholic**, *personne de tempérament mélancolique.*

   his melancholy : l'ambiguïté de l'adj. possessif en français oblige à préciser qui est représenté par **his**.

6. **behave yourself :** le pronom réfléchi **yourself** n'est pas nécessaire avec **behave**.

7. **it is absurd asking me :** it is absurd to ask me.

8. **it is my only reason for existing : reason**, en ce sens se construit, soit avec **for** + nom ou **-ing**, soit avec **to** + infinitif. **All the more reason to do it !** *Raison de plus pour le faire.*

9. **had killed your wife :** le plus-que-parfait **had killed** est ici justifié par la concordance des temps avec le verbe **told** dont il dépend : **she tells us you have killed** → **she told us you had killed**.

"Well, I quite admit it", said the Ghost petulantly [1], "but it was a purely family matter, and concerned no one else."

"It is very wrong to kill any one", said Virginia, who at times had a sweet Puritan gravity, caught from some old New England ancestor [2].

"Oh, I hate the cheap severity of abstract ethics! My wife was very plain, never had my ruffs properly starched [3], and knew nothing about cookery. Why, there was a buck I had shot in Hogley Woods, a magnificent pricket [4], and do you know how she had it sent up to table? However, it is no matter now, for it is all over, and I don't think it was very nice of her brothers to starve [5] me to death, though I did kill her."

"Starve you to death? Oh, Mr Ghost, I mean Sir Simon, are you hungry? I have a sandwich in my case. Would you like it?"

"No, thank you, I never eat anything now; but it is very kind of you, all the same, and you are much nicer than the rest of your horrid, rude, vulgar, dishonest [6] family."

"Stop!" cried Virginia, stamping her foot, "it is you who are rude, and horrid, and vulgar; and as for dishonesty, you know you stole the paints out of my box [7] to try and furbish up that ridiculous blood-stain in the library. First you took all my reds, including the vermilion, and I couldn't do any more sunsets [8], then you took the emerald-green and the chrome-yellow, and finally I had nothing left but indigo and Chinese white, and could only do moonlight scenes, which are always depressing to look at, and not at all easy to paint.

---

1. ▲ **petulantly** : ['petjələntlı]. To be petulant = to be unreasonably angry ; to be in a petulant mood, *être de mauvaise humeur*. *Pétulant* se dira **exuberant, vivacious** ; *pétulance*, **exuberance, vivacity**.

2. **New England ancestor** : ['ænsɪstə]. La Nouvelle-Angleterre, fondée par le capitaine John Smith en 1616, comprend les six Etats du nord-est des Etats-Unis. C'est, par excellence, le pays des **WASPs (White Anglo-Saxon Protestants)** nourris de la tradition puritaine.

3. △ **never had my ruffs properly starched** : « *ne m'avait jamais fait amidonner correctement mes fraises* ». **Have** + complément + part. passé (à valeur passive). Ne pas confondre avec **have** + complément + infinitif sans **to** (à valeur active) : I **had her starch my ruffs**, *je lui faisais amidonner mes fraises*.

« Et alors, je ne le nie pas du tout », dit le fantôme d'un ton fort irrité, « mais c'était une affaire strictement familiale, qui ne concernait personne d'autre. »

« C'est très mal de tuer quelqu'un », dit Virginia, qui témoignait parfois d'une douce gravité puritaine, que lui avait transmise quelque ancêtre de la Nouvelle-Angleterre.

« Oh, que je déteste la piètre sévérité de la morale abstraite ! Ma femme avait un physique très ingrat, jamais elle ne m'a fait amidonner correctement mes fraises, et elle n'avait aucune notion de cuisine. Tenez, j'avais tué un chevreuil dans les bois de Hogley, un magnifique brocard. Savez-vous comment elle l'a fait présenter à table ? De toute manière, cela n'a plus d'importance, c'est du passé, et je ne crois pas que c'était très chic de la part de ses frères de me laisser mourir de faim, bien que je l'aie tuée, effectivement. »

« Laisser mourir de faim ? Oh, monsieur le fantôme, je veux dire Sir Simon, est-ce que vous avez faim ? J'ai un sandwich dans mon sac. Le voulez-vous ? »

« Non, merci, je ne mange plus rien maintenant ; mais tout de même, c'est très gentil de votre part, et vous êtes beaucoup plus aimable que votre horrible famille, grossière, vulgaire et malhonnête. »

« Taisez-vous ! » s'écria Virginia en tapant du pied, « c'est vous qui êtes grossier, horrible et vulgaire : quant à la malhonnêteté, vous savez bien que c'est vous qui m'avez volé mes peintures dans ma boîte, pour essayer de remettre à neuf cette tache de sang ridicule dans la bibliothèque. Vous avez d'abord volé tous mes rouges, y compris le vermillon, et je ne pouvais plus peindre de couchers de soleil ; puis vous avez pris le vert émeraude et le jaune de chrome, et pour finir il ne m'est plus resté que l'indigo et le blanc de Chine, si bien que je ne pouvais plus faire que des clairs de lune, qui sont toujours déprimants à regarder, et pas du tout faciles à peindre. »

---

4. **pricket :** *chevreuil* dont les cornes ne sont pas encore fourchées.

5. **starve : to starve,** *être affamé* ; **to starve sbd,** *affamer qqun.*

6. **dishonest :** [dɪˈsɒnɪst].

7. **stole the paints out of my box :** on voit que l'anglais n'a pas la même perspective que le français : « *sortit les peintures de ma boîte en les volant* ». Autres exemples : **to drink out of a glass,** *boire dans un verre.*

8. **I couldn't do any more sunsets :** « *je ne pouvais peindre aucun coucher de soleil de plus* ».

I never told on you [1], though I was very much annoyed, and it was most ridiculous, the whole thing; for who ever heard of emerald-green blood?''

"Well, really", said the Ghost, rather meekly, "what was I to do? It is a very difficult thing to get real blood nowadays, and, as your brother began it all with his Paragon Detergent, I certainly saw no reason why I should not have your paints [2]. As for colour, that is always a matter of taste: the Cantervilles have blue blood [3], for instance, the very bluest in England; but I know you Americans don't care for things of this kind."

"You know nothing about it, and the best thing you can do is to emigrate and improve your mind [4]. My father will be only too happy to give you a free passage, and though there is a heavy duty on spirits [5] of every kind, there will be no difficulty about the Custom House, as the officers [6] are all Democrats. Once in New York, you are sure to be [7] a great success. I know lots of people there who would give a hundred thousand dollars to have a grandfather, and much more than that to have a family Ghost."

"I don't think I should like America."

"I suppose because we have no ruins and no curiosities", said Virginia satirically.

"No ruins! no curiosities!" answered the Ghost; "you have your navy and your manners."

"Good evening; I will go and ask papa to get the twins an extra week's holiday [8]."

---

1. **told on you : to tell on somebody** est une expression surtout employée par les enfants . *rapporter*. **To tell (on somebody)** a le plus souvent le sens de *faire sentir son influence*. **His age is beginning to tell (on him)**, *il commence à accuser son âge*.

2. △ **no reason why I should not have your paints :** noter la construction de **why**, relatif se rapportant à **reason**, avec **should**. **Have** a ici le sens de *prendre* : **I'll have a beer**, *je vais prendre une bière*.

3. **blue blood :** avoir du sang bleu c'est appartenir à une famille royale, ou à l'aristocratie. Ceci explique la remarque **you don't care for things of this kind**.

4. **improve your mind :** « *améliorer votre intelligence* ».

5. **a heavy duty on spirits :** Wilde joue sur le mot **spirits**, qui signifie bien sûr *esprit*, mais aussi *spiritueux* . **Wines and Spirits**, *Vins et Spiritueux*. En français on emploie encore parfois les expressions *esprit-de-sel* ou *esprit-de-vin*.

Je ne suis jamais allée rapporter, et pourtant j'étais très fâchée, et puis tout cela était extrêmement ridicule ; car a-t-on jamais entendu parler de sang vert émeraude ? »

« Eh bien, à vrai dire », répondit le fantôme avec une certaine humilité, « que devais-je faire ? Il est très difficile aujourd'hui de se procurer du vrai sang, et comme c'est votre frère qui a commencé avec son Détergent Parangon je ne voyais vraiment pas pour quelle raison je ne prendrais pas vos peintures. Quant à la couleur, c'est toujours une affaire de goût. Les Canterville ont du sang bleu, par exemple, le plus bleu qui soit en Angleterre. Mais je sais que vous autres Américains vous vous moquez pas mal de ce genre de choses. »

« Vous n'en savez rien, et ce que vous avez de mieux à faire c'est émigrer, afin de vous cultiver. Mon père ne sera que trop heureux de vous offrir un passage gratuit, et bien que les droits sur les spiritueux et autres esprits soient très élevés, il n'y aura pas de problèmes avec la Douane, car les douaniers sont tous démocrates. Une fois à New York, vous êtes sûr de remporter un succès considérable. J'en connais beaucoup qui donneraient cent mille dollars pour avoir un grand-père, et bien davantage pour avoir un fantôme de famille. »

« Je ne crois pas que je me plairais en Amérique. »

« Parce que nous n'avons ni ruines ni curiosités », dit Virginia d'un ton ironique.

« Ni ruines, ni curiosités ! » repartit le fantôme. « Vous avez votre marine et vos mœurs ! »

« Bonsoir , je vais demander à papa de faire donner une semaine de vacances supplémentaire aux jumeaux. »

---

6. ▲ **officers : officer** ne désigne pas nécessairement un *officier* au sens militaire. Le mot désigne aussi une personne chargée d'une fonction particulière (ex. *officier d'état civil*). **A customs officer**, *un douanier*.

7. △ **you are sure to be** : la construction **it is sure that you will be** existe également, mais celle que nous avons ici est très courante. Elle peut avoir un neutre pour sujet : **the weather is sure to be fine**, *il est certain qu'il fera beau*.

8. △ **an extra week's holiday :** noter l'emploi du cas possessif avec la notion de temps (**week's**). Il y a deux expressions possibles en anglais, de ce point de vue, le cas possessif ou l'adjectif composé : **a two weeks' holiday = a two-week holiday**, *quinze jours de vacances*

"Please don't go, Miss Virginia", he cried; "I am so lonely and so unhappy, and I really don't know what to do [1]. I want to go to sleep and I cannot."

"That's quite absurd [2]. You have merely to go to bed and blow out the candle. It is very difficult sometimes to keep awake [3], especially at church, but there is no difficulty at all about sleeping [4]. Why [5], even babies know how to do that, and they are not very clever."

"I have not slept for three hundred years", he said sadly, and Virginia's beautiful blue eyes opened in wonder; "for three hundred years I have not slept, and I am so tired."

Virginia grew quite grave, and her little lips trembled like roseleaves. She came towards him, and kneeling [6] down at his side, looked up into his old withered face.

"Poor, poor Ghost", she murmured; "have you no place where you can sleep?"

"Far away beyond the pine-woods", he answered, in a low dreamy voice, "there is a little garden. There the grass grows long and deep, there are the great white stars of the hemlock flower, there the nightingale sings all night long. All night long he sings, and the cold, crystal moon looks down, and the yew-tree spreads out its giant arms over the sleepers."

Virginia's eyes grew dim with tears, and she hid her face in her hands.

"You mean the Garden of Death", she whispered.

---

1. △ **I really don't know what to do** : cette construction **what to do** n'est possible que dans une proposition complétive (ici complément de **que faire ?** » pourraient être « what can I do ? », « what shall I do ? », « what can/should we do ? ». Il faut noter que cette construction avec **to** + infinitif est possible avec tous les interrogatifs indirects sauf **why** (qui se construit avec l'infinitif sans to). **I didn't know where to go**, *je ne savais où aller* ; **they didn't know how to do it**, *ils ne savaient pas comment faire.*

2. **absurd** : [ə'bsɜːd].

3. **it is very difficult sometimes to keep awake** : l'adverbe **sometimes**, comme tous les adverbes de temps non précis, se place généralement après le verbe **to be** : it is sometimes very difficult.

4. △ **there is no difficulty at all about sleeping** : on dira plus simplement **it is not difficult at all to sleep**. On peut également dire

68

« Non, s'il vous plaît, ne partez pas, Miss Virginia, s'écria-t-il, je suis si seul et si malheureux ; je ne sais que faire. Je voudrais dormir et je ne peux pas. »

« C'est tout à fait absurde. Vous n'avez qu'à vous mettre au lit et souffler la bougie. Il est quelquefois très difficile de rester éveillé, surtout à l'église, mais dormir, cela ne pose aucun problème. Tenez, même les bébés savent dormir, et ils ne sont pas très malins, pourtant. »

« Cela fait trois cents ans que je ne dors pas », dit-il tristement, et les beaux yeux bleus de Virginia s'arrondirent d'étonnement. « Trois cents ans que je ne dors pas, et je suis si fatigué. »

Virginia se fit très grave et ses petites lèvres se mirent à trembler comme des pétales de rose. Elle s'approcha, s'agenouilla près de lui, et leva son regard sur le visage vieilli et flétri du fantôme.

« Pauvre, pauvre fantôme, murmura-t-elle, n'avez-vous aucun endroit où vous puissiez dormir ? »

« Bien loin, là-bas, au-delà du bois de pins », répondit-il, comme on parle à voix basse dans un rêve, « il y a un petit jardin. L'herbe y pousse longue et profonde, on y voit les grandes étoiles blanches des fleurs de ciguë, et le rossignol y chante toute la nuit. Toute la nuit il chante, et la froide lune de cristal le contemple, et l'if étend ses bras gigantesques au-dessus des dormeurs. »

Les yeux de Virginia s'embuèrent de larmes, et elle se dissimula le visage dans les mains.

« Vous voulez parler du Jardin de la Mort », murmura-t-elle.

---

there is no difficulty in going to sleep ou **he has no difficulty going to sleep**. L'important est de ne pas confondre la construction du nom **difficulty** + **-ing** ou **difficulty in** + -ing, de celle de l'adjectif **difficult to**.

5. **why :** en début de phrase, lorsqu'il n'est pas interrogatif, est l'équivalent de *« tiens ! »*, *« eh bien ! »*, *« dites donc ! »*. **Why, what a surprise !** *Eh bien, quelle surprise !* ; **what is twice two ? why, it's four !** *deux fois deux ? eh bien, quatre !*

6. **kneeling** ['niːlɪŋ]**, to kneel, knelt**.

"Yes, Death. Death must be so beautiful. To lie in the soft brown earth, with the grasses waving above one's head, and listen to silence. To have no yesterday, and no tomorrow. To forget time, to forgive life, to be at peace. You can help me. You can open for me the portals of Death's house, for Love is always with you, and Love is stronger than Death is."

Virginia trembled, a cold shudder ran through her, and for a few moments there was silence. She felt as if she was in a terrible dream.

Then the Ghost spoke again, and his voice sounded like the sighing of the wind.

"Have you ever read the old prophecy on the library window ?"

"Oh, often", cried the little girl, looking up; "I know it quite well. It is painted in curious black letters, and it is difficult to read. There are only six lines :

When a golden girl can win [1]
Prayer from out the lips of sin,
When the barren almond [2] bears,
And a little child gives away its tears [3],
Then shall all the house [4] be still
And peace come [5] to Canterville.

But I don't know what they mean."

"They mean", he said sadly, "that you must weep for me for my sins, because I have no tears, and pray with me for my soul, because I have no faith, and then, if you have always been sweet, and good, and gentle, the Angel of Death will have mercy [6] on me.

---

1. **when a golden girl... And peace come to Canterville :**
« Quand une jeune fille d'or **(golden)** pourra obtenir **(win from)** la prière des lèvres du péché.
Quand l'amande stérile produira
Et qu'une petite enfant donnera ses larmes
Alors toute la maison sera calme
Et la paix viendra à Canterville. »

2. **almond** ['ɑːmənd] : est employé pour **almond-tree. To bear**, sans complément, signifie produire (une récolte).

3. △ **its tears** : **child**, comme **baby**, peut être considéré comme un neutre, donc **its**, au lieu de **his** ou **her**.

4. **then shall the house :** l'inversion poétique est rendue possible par la présence en tête de **then** (même schéma qu'avec **there**).

« Oui, la Mort. La Mort, ce doit être si beau. Reposer dans la douceur de la terre brune, sous l'herbe bercée par le vent, écouter le silence. N'avoir ni hier ni lendemain. Oublier le temps, pardonner à la vie, dormir en paix. Vous pouvez m'aider. Vous pouvez ouvrir pour moi les portes de la maison de la Mort, car l'Amour est plus fort que la Mort. »

Virginia se mit à trembler, parcourue d'un frisson glacial, et ce fut le silence pendant quelques instants. Elle avait l'impression d'être plongée dans un rêve terrible.

Puis le fantôme reprit la parole, et sa voix ressemblait aux soupirs du vent.

« Avez-vous déjà lu cette ancienne prophétie, sur la fenêtre de la bibliothèque ? »

« Oh, oui, souvent », s'écria la petite fille, levant les yeux vers lui ; « je la connais très bien. Elle est peinte en lettres noires de forme curieuse, et difficiles à lire. Il n'y a que six vers :

> Quand la jeune grâce aura su inspirer
> La prière aux lèvres de qui a péché,
> Quand l'amandier stérile portera des fleurs,
> Et qu'une jeune enfant fera don de ses pleurs,
> Alors la maison sera toute tranquille
> Et la paix viendra régner à Canterville.

Mais je ne sais pas ce qu'ils veulent dire. »

« Ils veulent dire, reprit le fantôme avec tristesse, qu'il faut que vous pleuriez pour mes péchés, parce que je n'ai pas de larmes, qu'il vous faut prier pour mon âme parce que je n'ai point de foi, et alors, si vous avez toujours été douce, bonne et sage, l'Ange de la Mort prendra pitié de moi.

---

5. **and peace come** : coordination avec **be** = **and then shall peace come**.

6. **mercy** ['mɜːsɪ] : *pitié, grâce, merci*. **For mercy's sake**, *par pitié*. **To beg for mercy**, *demander grâce* ; **at the mercy of**, *à la merci de* ; **mercy killing**, *euthanasie*.

You will see fearful shapes in darkness, and wicked voices will whisper in your ear, but they will not harm you [1], for against the purity of a little child the powers of Hell cannot prevail [2]."

Virginia made no answer, and the Ghost wrung his hands in wild despair as he looked down at her bowed golden head. Suddenly she stood up, very pale, and with a strange light in her eyes. "I am not afraid", she said firmly, "and I will ask the Angel to have mercy on you."

He rose from his seat with a faint cry of joy, and taking her hand bent over it with old-fashioned grace and kissed it. His fingers were as cold as ice, and his lips burned like fire, but Virginia did not falter [3], as he led her across the dusky room. On the faded green tapestry were broidered little huntsmen. They blew their tasselled [4] horns and with their tiny hands waved to her to go back. "Go back! little Virginia", they cried, "go back!" but the Ghost clutched her hand more tightly [5], and she shut her eyes against them. Horrible animals with lizard tails, and goggle eyes [6], blinked at her from the carven chimney-piece, and murmured "Beware! little Virginia, beware! we may never see you again", but the Ghost glided on more swiftly, and Virginia did not listen. When they reached the end of the room he stopped, and muttered some words she could not understand. She opened her eyes, and saw the wall slowly fading away like a mist, and a great black cavern in front of her. A bitter cold wind swept round them, and she felt something pulling at her dress.

---

1. **they will not harm you** : « *elles ne vous feront pas de mal* », **they** reprend shapes et voices.
2. **the powers of Hell cannot prevail** : « *les puissances de l'enfer ne peuvent l'emporter* ». To prevail **over/against**, *l'emporter sur/contre*. **To prevail** peut s'employer seul . **reason will prevail**, *la raison l'emportera*. **To prevail**, en parlant d'une situation, de conditions, *exister, prédominer*, d'où **prevailing** : **the prevailing winds**, *les vents dominants* ; **the prevailing belief**, *la croyance la plus répandue* ; **the prevailing style**, *le style en vogue*. **To prevail on sbd to do sth**, *persuader qqun de faire qqch*.
3. **falter** [fɔːltə] : *hésiter* (voix), *faiblir* (courage, volonté). « *Virginia ne faiblit point lorsqu'il la conduisit à travers la pièce sombre.* » **Faltering steps**, *des pas chancelants*.
4. **tasselled** : tassels, *pompons, glands d'ornement*.

Vous verrez dans l'ombre des formes terrifiantes, des voix mauvaises vous murmureront des choses à l'oreille, mais il ne vous sera pas fait de mal, car l'enfer est impuissant devant la pureté de l'enfance. »

Virginia ne répondit pas. Contemplant ses cheveux d'or et sa tête baissée, le fantôme se tordait les mains en proie à un profond désespoir. Soudain, elle se releva, très pâle, les yeux brillant d'une étrange lueur. « Je n'ai pas peur, dit-elle d'une voix ferme, et je vais demander à l'Ange d'avoir pitié de vous. »

Il se leva de son siège, avec un faible cri de joie, et, prenant la main de Virginia, il s'inclina pour y poser un baiser, avec une grâce surannée. Les doigts du fantôme étaient de glace, ses lèvres étaient de feu, mais Virginia, sans défaillir, se laissa entraîner dans la pénombre de la pièce. Sur la tapisserie d'un vert passé étaient brodés des petits chasseurs. Ils sonnaient de leur cor orné de pompons, et de leurs petites mains lui faisaient signe de s'en retourner. « Va-t'en, petite Virginia ! criaient-ils, va-t'en ! », mais le fantôme resserra son étreinte sur sa main, et elle ferma les yeux pour ne pas les voir. Sculptés sur la cheminée, d'horribles animaux à queue de lézard roulaient de gros yeux ronds en battant des paupières et murmuraient « Prends garde, petite Virginia ! Prends garde ! Nous ne te reverrons peut-être plus », mais le fantôme hâta le pas et Virginia ne les écouta point. Lorsqu'ils arrivèrent au fond de la pièce, le fantôme s'arrêta et marmonna quelques mots qu'elle ne put comprendre. Elle ouvrit les yeux, vit le mur qui s'estompait lentement comme un brouillard, et une grande caverne sombre s'ouvrit devant elle. Un âpre vent froid les enveloppa, et elle sentit quelque chose tirer sur sa robe.

---

5. **clutched her hand more tightly :** « *étreignit sa main plus fermement* ». To fall into sbd's clutch, *tomber dans les griffes de qqun* ; **to clutch at a straw,** *se raccrocher à n'importe quoi.*
6. **goggle eyes :** to be goggle-eyed, *avoir les yeux ronds, exorbités* ; **to goggle at,** *regarder en roulant des yeux ronds.* A rapprocher de **goggles,** *grosses lunettes* (de moto, de plongée). **Goggle-box,** *le poste de télé* (terme familier).

"Quick, quick", cried the Ghost, "or it will be too late", and, in a moment, the wainscoting had closed behind them, and the Tapestry Chamber was empty.

6

About ten minutes later, the bell rang for tea, and, as Virginia did not come down, Mrs Otis sent up one of the footmen to tell her. After a little time he returned and said that he could not find Miss Virginia anywhere. As she was in the habit of going out to the garden every evening to get flowers for the dinner-table, Mrs Otis was not at all alarmed at first, but when six o'clock struck, and Virginia did not appear, she became really agitated, and sent the boys out to look for her, while she herself and Mr Otis searched [1] every room in the house. At half-past six the boys came back and said that they could find no trace of their sister anywhere. They were all now in the greatest state of excitement [2], and did not know what to do [3], when Mr Otis suddenly remembered that, some few days before [4], he had given a band of gypsies permission to camp in the park. He accordingly at once set off [5] for Blackfell Hollow, where he knew they were [6], accompanied by his eldest son and two of the farm-servants. The little Duke of Cheshire, who was perfectly frantic whith anxiety, begged hard to be allowed to go too, but Mr Otis would not allow him, as he was afraid there might be [7] a scuffle [8].

---

1. ▲ **searched** [sɜ:tʃd] : to search a house, *fouiller une maison, faire une perquisition dans une maison* ; to search sbd, *fouiller qqun*. They searched him for a weapon ; *ils le fouillèrent pour voir s'il était armé*. In search of, *à la recherche de* ; a search was made for the missing man, *des recherches furent entreprises pour retrouver le disparu*.

2. **excitement** [ɪk'saɪtmənt] : *vive émotion, exaltation* ; the excitement of departure, *la fièvre des départs* ; the excitement of victory, *l'ivresse de la victoire*. He likes excitement, *il aime les émotions fortes*.

3. **and did not know what to do** : « *et ne savaient pas quoi faire* ».

4. **some few days before** : on dira couramment a few days before.

5. **set off** : *se mettre en route* (for, pour une destination) ; to set off on an expedition/on an explanation, *se lancer dans une expédition/dans une explication*. Ne pas confondre avec to set off,

74

« Vite, vite, cria le fantôme, ou il sera trop tard. » L'instant d'après, le panneau de bois s'était refermé derrière eux et la Chambre des Tapisseries était vide.

6

Une dizaine de minutes plus tard, la clochette sonna l'heure du thé, et comme Virginia ne descendait point, Mrs Otis envoya l'un des domestiques pour l'avertir. Au bout de quelques moments ce dernier revint et dit qu'il n'avait pu trouver Miss Virginia nulle part. Comme elle avait l'habitude de sortir chaque soir dans le jardin afin de cueillir des fleurs pour la table du dîner, Mrs Otis ne s'en inquiéta d'abord pas, mais quand six heures sonnèrent, voyant que Virginia n'avait pas reparu, elle commença vraiment à se tourmenter, et envoya les garçons à sa recherche, tandis qu'elle-même et Mr Otis inspectaient chacune des pièces de la maison. A six heures et demie les garçons revinrent et déclarèrent qu'ils n'avaient pu trouver trace de leur sœur. Ils étaient alors tous en proie à la plus grande émotion, ne sachant que faire, quand Mr Otis se rappela soudain que quelques jours auparavant il avait autorisé une troupe de bohémiens à camper dans le parc. Il se mit donc sur-le-champ en route pour Blackwell Hollow, où il savait les trouver, accompagné de son fils aîné et de deux valets de ferme. Le petit duc de Cheshire, que l'inquiétude avait mis dans tous ses états, supplia qu'on l'emmène lui aussi, mais Mr Otis, redoutant une rixe, ne le permit pas.

---

transitif : **to set off a bomb**, *faire exploser une bombe* ; **to set off profits against losses**, *balancer les pertes et les profits* ; **it sets off her complexion**, *cela met son teint en valeur*
6. **where he knew they were** : « *où il savait qu'ils étaient* ».
7. △ **he was afraid there might be** : ici **I'm afraid** exprime véritablement la crainte. **I'm afraid of hurting him/I'm afraid that I might hurt him**, *j'ai peur de lui faire mal*. Ne pas confondre avec **I'm afraid to** + infinitif, *je n'ose pas* : **I'm afraid to go**, *je n'ose pas y aller*.
8. **scuffle** : *rixe, échauffourée*. **To scuffle with sbd**, *se battre avec qqun*.

On arriving at the spot, however, he found that the gypsies had gone, and it was evident that their departure had been rather sudden, as the fire was still burning, and some plates were lying on the grass. Having sent off Washington and the two men to scour [1] the district, he ran home, and despatched [2] telegrams to all the police inspectors in the county [3], telling them to look out for a little girl who had been kidnapped by tramps or gypsies. He then ordered his horse to be brought [4] round, and, after insisting on [5] his wife and the three boys sitting down to dinner, rode off down the Ascot Road with a groom. He had hardly, however, gone a couple of miles when he heard somebody galloping after him, and, looking round, saw the little Duke coming up on his pony, with his face very flushed and no hat. "I'm awfully sorry, Mr Otis", gasped out [6] the boy, "but I can't eat any dinner as long as [7] Virginia is lost. Please, don't be angry with me; if you had let us be engaged last year, there would never have been all this trouble. You won't send me back, will you? I can't go! I won't go!"

The Minister could not help smiling at the handsome young scapegrace [8], and was a good deal touched at his devotion to Virginia, so leaning down from his horse, he patted him kindly on the shoulders, and said, "Well, Cecil, if you won't go back I suppose you must come with me, but I must get you a hat at Ascot."

"Oh, bother [9] my hat! I want Virginia!" cried the little Duke, laughing, and they galloped on to the railway station.

---

1. **scour** [skauə] : *parcourir* (à la recherche de qqch.). Le sens premier de **to scour** est *frotter, décaper, récurer*. **Scouring powder**, *poudre à récurer* ; **scourer**, *éponge métallique*.
2. **despatched** = dispatched ; **to dispatch**, *envoyer, expédier*. **To dispatch a job**, *finir un travail* ; **to dispatch an animal**, *abattre un animal*. **Date of dispatch**, *date d'expédition*.
3. **county** [kaunti] : *comté* ; division administrative du pays.
4. **he ordered his horse to be brought :** on peut dire également he ordered that his horse should be brought/that his horse be brought ou, plus rarement, **he ordered his horse brought**.
5. **after insisting on : insisting** étant un substantif verbal n'est pas nécessairement affecté par la détermination du temps (on peut dire **having insisted**). **To insist**, dans le sens de *tenir à ce que* (plus idée déclarative), peut se construire de deux manières : **I insist**

Arrivé sur place, cependant, Mr Otis constata que les bohémiens étaient partis, et qu'à l'évidence leur départ avait été assez précipité, car le feu brûlait encore et quelques assiettes étaient restées sur l'herbe. Ayant envoyé Washington et les deux hommes battre le secteur, il revint à la maison en courant et expédia un télégramme à tous les inspecteurs de police du comté, leur demandant de rechercher une fillette enlevée par des vagabonds ou des bohémiens. Puis il se fit amener son cheval et, après avoir exigé que sa femme et les trois garçons se mettent à table pour dîner, il s'élança sur la route d'Ascot, accompagné d'un palefrenier. A peine avait-il parcouru une demi-lieue, cependant, qu'il entendit quelqu'un qui le poursuivait au galop, et qu'en se retournant il vit le petit duc arriver sur son poney, le visage tout rouge, et sans chapeau. « Je suis extrêmement navré, monsieur, dit le garçon tout haletant, mais je ne pourrai dîner tant qu'on n'aura pas retrouvé Virginia. Ne m'en veuillez pas, je vous en prie. Si vous nous aviez permis de nous fiancer l'année dernière, nous n'aurions jamais eu tous ces ennuis. Vous n'allez pas me renvoyer, n'est-ce pas ? Je ne peux pas ! Je ne veux pas ! »

Le ministre ne put s'empêcher de sourire à ce jeune et joli étourneau et, profondément touché de l'affection qu'il portait à Virginia, se pencha pour lui administrer une tape sur l'épaule en disant : « Eh bien, Cecil, si tu ne veux pas t'en retourner, je crois qu'il faut que tu viennes avec moi ; mais il faudra que je te trouve un chapeau à Ascot. »

« Au diable mon chapeau, c'est Virginia qu'il me faut », s'écria en riant le petit duc, et ils se lancèrent au galop en direction de la gare.

---

on your coming, ou encore, **I insist that he should come/that he come** (subjonctif), *je tiens absolument à ce qu'il vienne*
6. **gasped out** : to gasp, *haleter, suffoquer* = **to gasp for breath** , **to gasp out**, *dire d'une voix haletante.*
7. **I can't… as long as** : c'est **as long as** qui entraîne une traduction par le futur, car cette conjonction permet ici d'envisager un événement futur
8. **scapegrace** : jeune homme ou garçon qui agit sans réfléchir et s'attire ainsi des ennuis inutiles.
9 **bother** : **bother** + nom indique le manque d'intérêt de la chose en question. Employé seul **bother !** est l'équivalent de *flûte ! la barbe !*

There Mr Otis inquired[1] of the station-master if any one answering the description[2] of Virginia had been seen on the platform, but could get no news of her. The station-master, however, wired up and down the line, and assured him that a strict watch would be kept for her, and, after having bought[3] a hat for the little Duke from a linen-draper, who was just putting up his shutters, Mr Otis rode off to Bexley, a village about four miles away, which he was told was a well-known haunt[4] of the gypsies, as there was a large common next to it. Here they roused up the rural policeman, but could get no information[5] from him, and, after riding all over the common, they turned their horses' heads[6] homewards, and reached the Chase about eleven o'clock, dead-tired[7] and almost heart-broken. They found Washington and the twins waiting for them at the gate-house with lanterns, as the avenue was very dark. Not the slightest trace of Virginia had been discovered. The gypsies had been caught on Broxley meadows, but she was not with them, and they had explained their sudden departure by saying that they had mistaken the date of Chorton Fair, and had gone off in a hurry for fear they might be[8] late. Indeed, they had been quite distressed at hearing of Virginia's disappearance, as they were very grateful to Mr Otis for having allowed them to camp in his park, and four of their number had stayed behind[9] to help in the search. The carp-pond had been dragged, and the whole Chase thoroughly gone over, but without any result.

---

1. **inquired** [ɪnˈkwaɪəd] : to inquire about, *se renseigner sur, s'informer de.* **To inquire the way of/from sbd,** *demander son chemin à qqun* , **to inquire into,** *faire une enquête sur.* D'où **inquiry,** *enquête, demande de renseignements* . **all inquiries to...,** *pour tous renseignements s'adresser à...* He gave me a look of inquiry, *il m'interrogea du regard* , **the police are making inquiries,** *la police enquête.*

2. **answering the description :** on peut dire **to answer a description** ou to answer to a description. Mais on dira **to answer to the name of,** *répondre au nom de* Le verbe **to answer** est transitif ; ne pas confondre avec la construction du nom : **there is no answer to that,** *il n'y a pas de réponse à cela* ; **the answer to the riddle,** *le mot de l'énigme.*

3. **and after having bought :** la construction sans l'auxiliaire **having** est plus courante : voir plus loin, **after riding.**

4 △ **which he was told was a well-known haunt :** double rela-

Mr Otis s'enquit auprès du chef de gare pour savoir si on avait aperçu sur le quai quelqu'un qui répondît au signalement de Virginia, mais il ne put rien apprendre de nouveau. Le chef de gare, néanmoins, télégraphia à toutes les gares de la ligne, et l'assura qu'une surveillance étroite serait exercée. Puis, après avoir acheté un chapeau chez un marchand de nouveautés qui était juste en train de mettre les volets de sa boutique, Mr Otis prit la route de Bexley, village situé à environ quatre milles de là, et qui, lui dit-on, était un lieu très fréquenté par les bohémiens, étant donné qu'il y avait un vaste pré communal à proximité. Ils réveillèrent le garde champêtre, mais n'en purent obtenir aucun renseignement, et après avoir parcouru le pré communal en tous sens ils tournèrent bride en direction de Canterville Chase, où ils arrivèrent aux environs de onze heures, fourbus et quasiment désespérés. Ils trouvèrent Washington et les jumeaux qui les attendaient à la loge, munis de lanternes, car l'allée était très noire. On n'avait pas trouvé la moindre trace de Virginia. On avait surpris les bohémiens dans les prés de Broxley, mais elle n'était pas avec eux, et ils avaient expliqué leur départ précipité en disant qu'ils s'étaient trompés sur la date de la foire de Chorton et qu'ils étaient partis à la hâte, craignant d'arriver en retard. Ils avaient été très affectés, à vrai dire, d'apprendre la disparition de Virginia, car ils étaient reconnaissants à Mr Otis de leur avoir permis de camper dans son parc, et quatre d'entre eux étaient restés pour participer aux recherches. On avait dragué la mare aux carpes, passé tout le domaine au peigne fin, en pure perte.

---

tive = « qui on lui a dit était » ; se traduit souvent par *dont (dont on lui dit que c'était)* ou par une relative avec verbe en incise *(qui, lui dit-on, était)*. **Haunt** [hɔːnt] : *repaire, endroit favori*.
5. ⚠ **information** : invariable , *une information*, **a piece of information**.
6. ⚠ **turned their horses' heads** : « *tournèrent la tête de leurs chevaux* ». En anglais, **horses** étant un pluriel **heads** doit l'être également.
7. ⚠ **dead-tired** : **dead** s'emploie parfois comme adverbe signifiant *complètement, tout à fait*. **Dead ahead**, *tout droit* ; **to stop dead**, *s'arrêter net* ; **to be dead on time**, *être juste à l'heure* ; **dead slow !** *roulez au pas !*
8. **for fear they might be** : on dira plus simplement **for fear of being**.
9. ⚠ **stayed behind** : **to stay behind**, *rester* (quand les autres s'en vont).

It was evident that, for that night at any rate, Virginia was lost to them; and it was in a state of the deepest depression that Mr Otis and the boys walked up to the house, the groom following behind with the two horses and the pony. In the hall they found a group of frightened servants, and lying on a sofa in the library was poor Mrs Otis, almost out of her mind with terror and anxiety, and having her forehead bathed [1] with eau-de-cologne by the old housekeeper. Mr Otis at once insisted on her having something to eat, and ordered up supper for the whole party [2]. It was a melancholy meal, as hardly any one spoke [3], and even the twins were awestruck and subdued [4], as they were very fond of their sister. When they had finished, Mr Otis, in spite of the entreaties of the little Duke, ordered them all to bed, saying that nothing more could be done that night, and that he would telegraph in the morning to Scotland Yard for some detectives to be sent down immediately. Just as they were passing out of the dining-room, midnight began to boom from the clock tower, and when the last stroke sounded they heard a crash and a sudden shrill cry; a dreadful peal of thunder shook the house, a strain of unearthly music [5] floated through the air, a panel at the top of the staircase flew back with a loud noise, and out on the landing, looking very pale and white, with a little casket [6] in her hand, stepped Virginia. In a moment they had all rushed up to her. Mrs Otis clasped her passionately [7] in her arms, the Duke smothered her with violent kisses [8], and the twins executed a wild war-dance round the group.

---

1. △ **bathed : to bathe** [beɪð], *laver, se laver ; baigner* (une blessure, une partie du corps) ; *se baigner, prendre un bain* (en mer, en rivière). Pour les Anglais *prendre un bain* dans une baignoire se dit **to have a bath** [bɑːθ], alors que les Américains diront **to bathe**.
2. **party :** souvent employé dans le sens de *groupe* : **a party of Americans travelling in France**, *un groupe d'Américains voyageant en France* ; **a party of workers**, *un groupe/une équipe d'ouvriers* ; **a rescue party**, *une équipe de secours*.
3. △ **as hardly any one spoke : hardly** se comporte grammaticalement comme un adverbe négatif ; il faut donc **any one**, et non pas **no one** ou **nobody**.
4. **subdued** [səb'djuːd] **: to subdue**, *subjuguer* (un pays) ; *contenir* (une passion) ; *atténuer* (une lumière). **A subdued conversation**, une conversation à voix basse ; **she was very subdued**, *elle avait perdu son entrain/sa vivacité*.

Il était évident, pour cette nuit-là du moins, qu'ils avaient perdu Virginia, et ce fut dans un état d'extrême abattement que Mr Otis et les garçons regagnèrent la maison, suivis du palefrenier menant les deux chevaux et le poney. Ils trouvèrent dans l'entrée un groupe de domestiques en proie à la frayeur, et dans la bibliothèque la pauvre Mrs Otis allongée sur un canapé ; la terreur et l'angoisse lui avaient presque fait perdre l'esprit, et elle se faisait appliquer des compresses d'eau de Cologne sur le front par la vieille gouvernante. Mr Otis lui enjoignit aussitôt de manger quelque chose, et ordonna que l'on prépare un souper pour tout le monde. Ce fut un repas bien mélancolique, car presque personne ne dit mot, et les jumeaux eux-mêmes, terrorisés, se tenaient cois car ils aimaient beaucoup leur sœur. Le repas terminé, Mr Otis, en dépit des prières du petit duc, enjoignit à tout le monde d'aller se coucher, disant qu'il n'y avait plus rien à faire pour la nuit, et qu'il télégraphierait à Scotland Yard dans la matinée pour qu'on envoie immédiatement quelques détectives. A l'instant où ils sortaient de la salle à manger, minuit se mit à sonner à la tour de l'horloge, et au moment où retentissait le dernier coup ils entendirent un grand fracas et, soudain, un cri perçant. Un grondement de tonnerre effroyable secoua la demeure, des accents de musique venus d'un autre monde passèrent dans l'air, un panneau en haut de l'escalier pivota dans un grand bruit et sur le palier, très pâle, très blanche, s'avança Virginia, une petite cassette à la main. En un instant ils s'étaient tous précipités vers elle. Mrs Otis la serra passionnément dans ses bras, le duc l'étouffa sous la véhémence de ses baisers, les jumeaux exécutèrent autour du groupe une danse guerrière effrénée.

---

5. **a strain of unearthly music :** « *un accent de musique n'appartenant pas à la terre* ». On emploie aujourd'hui **strains** au pluriel pour parler de musique : **they marched to the strains of the national anthem,** *ils défilèrent aux accents de l'hymne national.*

6. **▲ casket :** *cassette, coffret.* Ne pas confondre avec **cask,** *tonneau* ni avec **cap,** *casquette.*

7. **passionately :** ['pæʃənətlɪ].

8. **smothered her with violent kisses :** « *l'étouffa de violents baisers* ». To smother ['smʌðə], *étouffer.* **She smothered the flames with a blanket,** *elle étouffa les flammes avec une couverture* ; **he smothered his feelings,** *il fit taire ses sentiments.*

"Good heavens [1]! child, where have you been?" said Mr Otis, rather angrily, thinking that she had been playing some foolish trick on [2] them. "Cecil and I have been riding all over the country looking for you, and your mother has been frightened to death. You must never play these practical jokes any more."

"Except on the Ghost [3]! except on the Ghost!" shrieked the twins, as they capered [4] about.

"My own darling, thank God you are found; you must never leave my side again", murmured Mrs Otis, as she kissed the trembling child, and smoothed [5] the tangled [6] gold of her hair.

"Papa", said Virginia quietly, "I have been with the Ghost. He is dead, and you must come and see him. He had been very wicked, but he was really sorry for all that he had done, and he gave me this box of beautiful jewels before he died."

The whole family gazed at her in mute [7] amazement, but she was quite grave and serious; and, turning round, she led them through the opening in the wainscoting down a narrow secret corridor, Washington following with a lighted candle, which he had caught up from the table. Finally, they came to a great oak door, studded [8] with rusty nails. When Virginia touched it, it swung back on its heavy hinges, and they found themselves in a little low room, with a vaulted ceiling, and one tiny grated window. Imbedded in the wall was a huge iron ring, and chained to it was a gaunt [9] skeleton, that was stretched out at full length on the stone floor, and seemed to be trying to grasp with its long fleshless fingers an old-fashioned trencher and ewer [10], that were placed just out of its reach [11].

---

1. **good heavens** ['hevənz] : « *bons/justes cieux.* »

2. **to play a trick on** : *jouer un tour à*. **Trick** a ici le même sens que **practical joke** *(farce)*.

3. **on the Ghost** : reprend la construction **to play these practical jokes (on the ghost)**.

4. **capered** : ['keɪpəd].

5. **smoothed** [smu:ðd] : « *caressait l'or enchevêtré de ses cheveux.* »

6 **tangled** : a tangle, *un enchevêtrement*. **He got into a tangle when he tried to explain**, *il s'est embrouillé dans ses explications* , **the whole affair was a hopeless tangle**, *toute cette affaire était effroyablement confuse*. **To get tangled up** = to get into a tangle.

« Dieu du ciel, mon enfant, où étais-tu passée ? » dit Mr Otis avec un accent d'irritation, pensant qu'elle leur avait fait quelque stupide farce. « Cecil et moi, nous avons parcouru tout le pays à ta recherche, et ta mère était morte de frayeur. Il ne faudra plus jamais te livrer à ce genre de plaisanterie. »

« Sauf avec le fantôme ! Sauf avec le fantôme ! » hurlèrent les jumeaux en poursuivant leurs cabrioles.

« Ma chérie, Dieu merci, te voici retrouvée ; il ne faudra plus jamais me quitter », murmura Mrs Otis en embrassant sa fille toute tremblante et en caressant l'or ébouriffé de ses cheveux.

« Papa, dit Virginia calmement, j'étais avec le fantôme. Il est mort, et il faut que tu viennes le voir. Il s'était très mal conduit, mais il regrettait vraiment tout ce qu'il avait fait, et avant de mourir il m'a donné ce coffret de bijoux superbes. »

La famille entière la dévisagea, muette de stupéfaction, mais Virginia se montrait tout à fait grave et sérieuse : elle se retourna et les conduisit par l'ouverture pratiquée dans la boiserie, dans un étroit corridor secret, suivie de Washington qui portait une bougie allumée prise sur la table. Ils arrivèrent enfin devant une grande porte de chêne bardée de clous rouillés. Lorsque Virginia toucha cette porte elle pivota sur ses lourds gonds, et ils se retrouvèrent dans une petite pièce basse et voûtée où s'ouvrait une étroite fenêtre munie d'une grille. Un gros anneau de fer était scellé dans le mur et, enchaîné à cet anneau, un squelette desséché gisait de tout son long sur les dalles de pierre : on aurait dit qu'il cherchait à saisir de ses longs doigts décharnés une écuelle de bois et une aiguière anciennes, disposées juste hors de portée de sa main.

---

7. **mute :** [mju:t]. **Mute with admiration,** *muet d'admiration.* Un *muet* se dira le plus souvent **a dumb man** ; **deaf and dumb,** *sourd et muet.* En musique, **a mute,** *une sourdine. Le cinéma muet,* **the silent cinema.**

8. **studded :** [stʌdɪd]. **Stud,** *gros clou* ; *clou à grosse tête.* **Sky studded with stars,** *ciel semé d'étoiles.*

9. **gaunt :** [gɔ:nt] ; **a gaunt face,** *un visage creux, émacié* ; **a gaunt landscape,** *un paysage désolé.*

10. **an old-fashioned trencher and ewer :** an old-fashioned trencher and an old-fashioned ewer. **Trencher,** *assiette* ou *écuelle.* He is a good trencherman, *il a un bon coup de fourchette.* **Ewer** [ju:ə] ; on dira aujourd'hui **pitcher** ou **jug.**

11. **out of its reach :** « *hors de son atteinte.* » **Within arm's reach,** *à portée de main* ; **it is within my reach,** *c'est à ma portée* ; **keep out of the children's reach,** *ne pas laisser à la portée des enfants.*

The jug had evidently been once [1] filled with water, as it was covered inside with green mould. There was nothing on the trencher but a pile of dust. Virginia knelt down beside the skeleton, and, folding her little hands together, began to pray silently, while the rest of the party looked on in wonder at the terrible tragedy whose secret was now disclosed [2] to them.

"Hallo [3]!" suddenly exclaimed one of the twins, who had been looking out of the window to try and discover in what wing of the house the room was situated. "Hallo ! the old withered almond-tree has blossomed [4]. I can see the flowers quite plainly in the moonlight."

"God has forgiven him", said Virginia gravely, as she rose to her feet, and a beautiful light seemed to illumine her face.

"What an angel you are!" cried the young Duke, and he put his arm round her neck and kissed her.

7

Four days after these curious incidents a funeral started from Canterville Chase at about eleven o'clock at night. The hearse [5] was drawn by eight black horses, each of which [6] carried on its head a great tuft of nodding ostrich-plumes [7], and the leaden coffin was covered by a rich purple pall [8], on which was embroidered in gold the Canterville coat-of-arms. By the side of the hearse and the coaches walked the servants with lighted torches, and the whole procession was wonderfully impressive.

---

1. ⚠ **once :** [wʌns]. **Once** a deux sens   1) *jadis*   he was once famous, *il fut jadis célèbre* , a once powerful nation, *une nation jadis puissante* , once upon a time there was..., *il était une fois.* .
2) *une (seule) fois*   once a week, *une fois par semaine* , once and for all, *une fois pour toutes*. **Once** se met de préférence après le verbe, dans ce cas · even if you do it once, *même si vous ne le faites qu'une seule fois.*

2. **disclosed :** [dɪsˈkləuzd] , to disclose the truth, *révéler la vérité* Disclosure, *révélation*   there were more disclosures in the yellow press, *il y avait plus de révélations dans la presse à sensation*

3. **hallo :** [həˈləu]. hello, hullo, halloa (dérivé du français *holà*). S'emploie pour attirer l'attention, exprimer la surprise, et dire bonjour. Come and say hello to John, *viens dire bonjour à John.*

4. **blossomed :** blossom désigne plus particulièrement les fleurs

De toute évidence la cruche avait été jadis remplie d'eau, car l'intérieur en était couvert de moisissure verte. Il n'y avait dans l'écuelle rien d'autre qu'un tas de poussière. Virginia s'agenouilla près du squelette et, joignant ses petites mains, se mit à prier silencieusement, tandis que les autres contemplaient avec étonnement la terrible tragédie dont le secret leur était maintenant révélé.

« Hé ! » s'exclama soudain l'un des jumeaux qui regardait par la fenêtre pour essayer de voir dans quelle aile de la demeure cette pièce était située. « Hé ! Regardez ! Le vieil amandier sec est fleuri. Je vois très bien les fleurs, au clair de lune. »

« Dieu lui a pardonné », dit gravement Virginia en se relevant ; une clarté radieuse semblait illuminer son visage.

« Vous êtes un ange », s'écria le jeune duc et, lui passant son bras autour du cou, il l'embrassa.

7

Quatre jours après ces curieux événements un cortège funèbre quitta Canterville Chase aux environs de onze heures du soir. Le corbillard était tiré par huit chevaux noirs sur la tête desquels oscillait une grande aigrette de plumes d'autruche, et le cercueil de plomb était recouvert d'un somptueux drap pourpre, brodé d'or aux armes des Canterville. Des domestiques portant des torches escortaient le corbillard et les voitures ; cette procession était extraordinairement impressionnante.

---

des arbres. **The tree was in full blossom,** *l'arbre était en pleine floraison.* **To blossom**, *s'épanouir* ; **she blossomed into a real beauty,** *elle s'épanouit pour devenir une vraie beauté.*

5. **hearse :** [hɜːs].

6. △ **each of which :** bien que traduit par *dont*, **of which** n'est pas ici un génitif. Voir par ex. : **each of whom, many of which, many of whom, some of which, none of which.**

7. **plumes : plume** [pluːm], grande *plume* ornementale (de paon, d'autruche). *Plumet, panache :* **a plume of smoke,** *un panache de fumée.*

8. **pall :** [pɔːl].

Lord Canterville was the chief mourner [1], having come up specially from Wales to attend the funeral [2], and sat in the first carriage [3] along with little Virginia. Then came the United States Minister and his wife, then Washington and the three boys, and in the last carriage was Mrs Umney. It was generally felt that, as she had been frightened by the ghost for more than fifty years [4] of her life, she had a right to see the last of him [5]. A deep grave had been dug in the corner of the churchyard, just under the old yew-tree, and the service was read in the most impressive manner by the Rev. Augustus Dampier. When the ceremony was over, the servants, according to an old custom observed in the Canterville family, extinguished their torches, and, as the coffin was being lowered [6] into the grave, Virginia stepped forward and laid on it a large cross made of white and pink almond-blossoms. As she did so, the moon came out from behind a cloud, and flooded with its silent silver the little churchyard, and from a distant copse [7] a nightingale began to sing. She thought of the ghost's description of the Garden of Death, her eyes became dim with tears, and she hardly spoke a word during the drive home.

The next morning, before Lord Canterville went up to town, Mr Otis had an interview with him on the subject of the jewels the ghost had given to Virginia. They were perfectly magnificent [8], especially a certain ruby necklace [9] with old Venetian setting, which was really a superb specimen of sixteenth-century work, and their value was so great that Mr Otis felt considerable scruples about allowing his daughter to accept them.

---

1. **chief mourner : to be chief mourner**, *conduire le deuil*. **To mourn for sbd**, *pleurer la mort de qqun*. **It's no good mourning over it**, *il ne sert à rien de se lamenter là-dessus*. **Mourning**, *deuil ; vêtements de deuil .* **to be in deep mourning**, *être en grand deuil*. **Mourning becomes Electra**, *le deuil sied à Electre*.

2. **to attend the funeral : funeral** [fju:nərəl], s'emploie au singulier : *les obsèques, les funérailles*. **State funeral**, *funérailles nationales*. **That's your funeral !**, *tant pis pour toi !* ▲ **to attend**, *assister* (à un événement organisé, une cérémonie, une réunion). **To assist** signifie uniquement *porter assistance*.

3. **carriage :** ['kærɪdʒ], *voiture , wagon* (de chemin de fer).

4. ⚠ **as she had been frightened by the ghost for more than fifty years :** comme le fantôme est mort et que ses « exploits » appartiennent donc à un passé révolu, on peut dire « *car elle avait été*

86

Le deuil était conduit par Lord Canterville, venu spécialement du Pays de Galles pour assister aux funérailles ; il avait pris place dans la première voiture avec la petite Virginia. Puis venaient le ministre des Etats-Unis et sa femme, puis Washington et les trois garçons, enfin Mrs Umney dans la dernière voiture. Le sentiment général était qu'elle avait vécu cinquante ans terrorisée par le fantôme et qu'elle avait de ce fait le droit de le voir à jamais disparaître. Une tombe profonde avait été creusée dans un coin du cimetière près de l'église, juste sous le vieil if, et les prières furent dites de la manière la plus impressionnante par le Révérend Augustus Dampier. Quand la cérémonie fut terminée, les domestiques, suivant une ancienne coutume en honneur chez les Canterville, éteignirent les torches ; et alors qu'on descendait le cercueil dans la fosse Virginia s'avança, et y déposa une grande croix de fleurs d'amandier roses et blanches. A ce moment précis, la lune, sortant de derrière un nuage, vint baigner le petit cimetière de silence et d'argent, et d'un taillis lointain monta le chant d'un rossignol. Virginia songea à la description du Jardin de la Mort que lui avait faite le fantôme ; des larmes brouillèrent son regard, et elle ne prononça pratiquement pas un mot au cours du trajet de retour.

Le lendemain matin, avant que Lord Canterville ne parte pour Londres, Mr Otis s'entretint avec lui des bijoux que le fantôme avait donnés à Virginia. Ils étaient absolument magnifiques, en particulier un certain collier de rubis avec une ancienne monture vénitienne, superbe spécimen de l'orfèvrerie du seizième siècle, et leur valeur était telle que Mr Otis éprouvait d'énormes scrupules à autoriser sa fille à les accepter.

---

terrorisée pendant plus de cinquante ans ». Si le fantôme avait continué à exercer ses fonctions, il aurait fallu dire « car elle était terrorisée depuis plus de cinquante ans ».
5. **to see the last of him :** I hope we've seen the last of him, *j'espère que nous en sommes débarrassés pour de bon.* **You've not seen the last of them,** *vous n'en avez pas fini avec eux.*
6. **lowered :** [ˈləʊəd].
7. **copse :** également **coppice** [kɔpis], *petit bois.*
8. **magnificent :** [mægˈnifisənt].
9. **necklace :** [ˈneklis].

"My Lord", he said, "I know that in this country mort-main [1] is held to apply to trinkets as well as to land, and it is quite clear to me that these jewels are, or should be, heirlooms [2] in your family. I must beg you, accordingly, to take them to London with you, and to regard them simply as a portion of your property which has been restored to you under certain strange conditions. As for my daughter, she is merely a child, and has as yet [3], I am glad to say, but little interest in such appurtenances of idle [4] luxury. I am also informed by Mrs Otis, who, I may say, is no mean authority upon Art – having had the privilege of spending several winters in Boston when she was a girl – that these gems are of great monetary worth, and if offered for sale would fetch [5] a tall price. Under these cir-cumstances, Lord Canterville, I feel sure that you will recognize how impossible it would be for me to allow them to remain in the possession of any member of my family; and, indeed, all such vain gauds [6] and toys, however suit-able [7] or necessary to the dignity of the British aristocracy, would be completely out of place among those who have been brought up on the severe, and I believe immortal, principles of republican simplicity. Perhaps I should men-tion that Virginia is very anxious that you should [8] allow her to retain the box as a memento of your unfortunate but misguided ancestor [9]. As it is extremely old, and conse-quently a good deal out of repair, you may perhaps think fit [10] to comply with [11] her request.

---

1. **mortmain** : ['mɔːtmein], conditions dans lesquelles des biens sont inaliénables. Le fantôme ne pouvait disposer de biens que les Canterville possédaient par héritage.
2. **heirlooms** : ['ɛəluːmz] ; objets faisant partie d'un héritage trans-mis de génération en génération. **Heir** [ɛə], *héritier*.
3. **has as yet... : as yet**, qui a le même sens que **so far**, *jusqu'à maintenant*, ne s'emploie que dans une phrase négative ou quasi négative (la quasi-négation est ici **little interest**). « *N'a jusqu'à main-tenant que peu d'intérêt.* »
4. **idle** : [aidl], 1) *inoccupé, oisif*. **In my idle moments**, *à mes heures de loisir*. **The whole factory was idle**, *toute l'usine était arrê-tée* ; 2) *vain, futile* : **it is idle to hope**, *il est vain d'espérer* ; **idle talk**, *propos oiseux*.
5. **fetch** : **to fetch**, *aller chercher*. A un chien « **fetch!** », « *apporte !* ». **To fetch and carry for sbd**, *faire la bonne/le domes-tique pour qqun*.

88

« My Lord, dit-il, je sais que dans ce pays la mainmorte concerne aussi bien les colifichets que les terres, et il est tout à fait clair pour moi que ces bijoux font partie, ou devraient faire partie, du patrimoine dont a hérité votre famille. Je dois vous prier, par conséquent, de les emporter avec vous à Londres, et de les considérer tout simplement comme une partie de vos biens qui vous a été restituée dans des circonstances étranges. Quant à ma fille, ce n'est qu'une enfant, qui n'a eu, jusqu'à présent, je suis heureux de le dire, que peu d'intérêt pour ces attributs d'un luxe futile. Je tiens aussi de Mrs Otis, dont l'autorité en matière d'art, il m'est permis de le dire, n'est pas des moindres, puisqu'elle a eu le privilège de passer plusieurs hivers à Boston durant sa jeunesse, que ces pierres sont d'une grande valeur monétaire et qu'elles atteindraient des prix considérables si elles étaient mises en vente. Dans ces conditions, my Lord, je suis certain que vous conviendrez qu'il m'est impossible de les laisser en la possession d'aucun membre de ma famille. En vérité, toutes ces vaines babioles, si adéquates ou nécessaires soient-elles à la dignité de l'aristocratie britannique, seraient totalement déplacées aux mains de ceux qui·ont été élevés dans les principes rigoureux et, je le crois, immortels de la simplicité républicaine. Peut-être devrais-je vous indiquer que Virginia souhaite vivement que vous l'autorisiez à conserver le coffret, en souvenir des malheurs mais aussi des égarements de votre ancêtre. Comme ce coffret est très vieux, et de ce fait en fort mauvais état, vous jugerez peut-être bon d'accéder à sa requête.

---

6. **gauds :** *babioles, parures* (de mauvais goût, voyantes). Le terme ne s'emploie plus couramment. L'adj. **gaudy** ['gɔ:di] est par contre usuel : **gaudy colours,** *des couleurs criardes.*

7. ⚠ **however suitable :** noter l'absence de verbe : **however suitable they may be. However** permet d'envisager tous les degrés possibles de l'adjectif, d'où l'emploi de **may.**

8. ⚠ **very anxious that you should : should** est ici la marque du subjonctif, après **to be** + adj. + **that.**

9. **your unfortunate but misguided ancestor :** *« votre ancêtre malheureux mais égaré. »*

10. **think fit : to think fit**/to see fit to do sth., *juger bon de faire qqch.*

11. **to comply with :** *se conformer à.* **Compliant,** *accommodant.* **In compliance with,** *conformément à.*

For my own part, I confess I am a good deal surprised to find a child of mine expressing sympathy with medievalism in any form, and can only account for it by the fact that Virginia was born in one of your London suburbs shortly after Mrs Otis had returned from a trip to Athens."

Lord Canterville listened very gravely to the worthy Minister's speech, pulling his grey moustache now and then to hide an involuntary smile, and when Mr Otis had ended, he shook him cordially by the hand, and said, "My dear sir, your charming little daughter rendered my unlucky ancestor, Sir Simon, a very important service, and I and my family are much indebted to her for her marvellous courage and pluck[1]. The jewels are clearly hers, and, egad[2], I believe that if I were heartless enough[3] to take them from her, the wicked old fellow[4] would be out of his grave in a fortnight, leading me the devil of a life[5]. As for their being[6] heirlooms, nothing is an heirloom that is not so mentioned[7] in a will[8] or legal document, and the existence of these jewels has been quite unknown. I assure you I have no more claim on them than your butler, and when Miss Virginia grows up I daresay[9] she will be pleased to have pretty things to wear. Besides, you forget, Mr Otis, that you took the furniture and the ghost at a valuation, and anything that belonged to the ghost passed at once into your possession[10], as, whatever activity Sir Simon may have shown in the corridor at night[11], in point of law he was really dead, and you acquired his property by purchase[12]."

---

1. **marvellous courage and pluck : pluck** signifie *courage* et *détermination*. C'est un trait de l'anglais que ces expressions doubles : **safe and sound**, *sain et sauf* ; **hale and hearty**, *en bonne santé*.
2. **egad :** interjection aristocratique = **by God**.
3. **if I were heartless enough : were**, subjonctif imparfait, implique l'irréalité du propos (si j'étais, mais en réalité je ne suis pas).
4. **the wicked old fellow** : « *le vieil individu méchant*. »
5. △ **the devil of a life :** autres exemples de cette construction **the/this/**adj. possessif + nom singulier + **of a** + nom singulier : **this fool of a Peter**, *cet imbécile de Peter* ; **his drunkard of a father**, *son ivrogne de père*. Cette construction est généralement associée à un sens péjoratif.
6. **as for their being :** « *quant au fait qu'ils sont*. »
7. **that is not so mentioned :** that is not mentioned as heirlooms.

90

Pour ma part, je l'avoue, je suis très surpris de voir l'un de mes enfants manifester quelque penchant pour toute forme de médiévisme, et je ne peux l'expliquer que par le fait que Virginia est née dans l'un de vos faubourgs de Londres, peu de temps après que Mrs Otis fut rentrée d'un voyage à Athènes. »

Lord Canterville écouta gravement le discours du digne ministre, tirant de temps à autre sur sa moustache grise pour dissimuler un sourire involontaire, et quand Mr Otis eut achevé, il lui serra la main avec cordialité. « Cher monsieur, dit-il, votre charmante enfant a rendu un service considérable à Sir Simon, mon malheureux ancêtre ; ma famille et moi-même sommes énormément redevables à son courage et à sa détermination exceptionnels. Les bijoux, la chose est claire, sont à elle et, parbleu, je crois que si j'avais la cruauté de les lui reprendre, le vieux sacripant sortirait de sa tombe avant la fin de la quinzaine pour m'en faire voir de tous les diables. Quant à faire partie de l'héritage, celui-ci ne comprend rien qui ne soit désigné dans un testament ou document légal, et nul ne connaissait l'existence de ces bijoux. Je vous garantis que je n'ai pas plus de droits sur eux que n'en a votre maître d'hôtel, et quand Miss Virginia sera grande j'imagine qu'elle sera ravie d'avoir de jolies choses à porter. De plus, Mr Otis, vous oubliez que vous avez pris le mobilier et le fantôme au prix fixé par l'expert, et tout ce qui appartenait au fantôme est aussitôt passé en votre possession, étant donné que Sir Simon, quelle que fût son activité nocturne dans le couloir, était légalement bel et bien mort or vous avez acheté ses biens. »

---

8. ⚠ **will** : ici, substantif, *testament*. **The last will and testament,** *les dernières volontés.* Le verbe **to will** peut signifier *léguer*
9. ⚠ **I daresay : daresay** exprime la certitude de celui qui parle *je crois bien que, certainement*
10. **possession** : [pə'zeʃən].
11. ⚠ **whatever activity Sir Simon may have shown in the corridor at night :** « *quelle que soit l'activité que Sir Simon ait pu manifester dans le couloir la nuit.* » En anglais le complément de temps se place après le complément de lieu. **Whatever** permet d'envisager toutes les occurrences possibles du substantif qui le suit, ce qui explique la présence de **may** exprimant la probabilité.
12. **you acquired by purchase :** « *vous avez acquis par achat* »

Mr Otis was a good deal distressed at Lord Canterville's refusal, and begged him to reconsider his decision, but the good-natured peer was quite firm, and finally induced the Minister to allow his daughter to retain the present the ghost had given her, and when, in the spring of 1890, the young Duchess [1] of Cheshire was presented at the Queen's first drawing-room [2] on the occasion of her marriage, her jewels were the universal theme of admiration. For Virginia received the coronet [3], which is the reward of all good little American girls, and was married to her boy-lover as soon as he came of age [4]. They were both so charming, and they loved each other so much, that every one was delighted at the match [5], except the old Marchioness [6] of Dumbleton, who had tried to catch the Duke for one of her seven unmarried daughters, and had given no less than three expensive dinner-parties for that purpose, and, strange to say, Mr Otis himself. Mr Otis was extremely fond of the young Duke personally, but, theoretically [7], he objected to titles, and, to use his own words, "was not without apprehension lest, amid the enervating [8] influences of a pleasure-loving aristocracy, the true principles of republican simplicity should be forgotten [9]." His objections, however, were completely overruled, and I believe that when he walked up the aisle [10] of St George's, Hanover Square, with his daughter leaning on his arm, there was not a prouder man in the whole length and breadth of England [11].

The Duke and Duchess, after the honeymoon was over, went down to Canterville Chase, and on the day after their arrival they walked over [12] in the afternoon to the lonely churchyard by the pine-woods.

---

1. **duchess :** ['dʌtʃis].
2. **drawing-room :** ici, *réception* à la Cour.
3. **coronet :** ['kɔrənit], petite couronne portée dans les occasions solennelles par les princes et les pairs. **To receive the coronet,** *être anobli.*
4. **he came of age : to come of age,** *atteindre sa majorité.* **To be of age,** *être majeur* ; **to be under age,** *être mineur.*
5. **▲ match :** ici *mariage, union.* **He is a good match,** *c'est un bon parti* ; **they are well matched,** *ils sont bien assortis.*
6. **Marchioness :** ['ma:ʃənis].
7. **theoretically :** [θiə'rɛtikəli].

Mr Otis se montra fort désemparé par le refus de Lord Canterville, et le pria de reconsidérer sa décision, mais ce généreux pair du royaume demeura très ferme et finit par convaincre le ministre qu'il devait autoriser sa fille à conserver le présent que lui avait fait le fantôme ; et lorsque, au cours du printemps 1890, la jeune duchesse de Cheshire fut présentée à la première réception de la reine, à l'occasion de son mariage, les bijoux furent un sujet d'admiration générale. Car Virginia reçut la couronne, récompense de toutes les petites Américaines bien sages, et fut mariée à son jeune amoureux dès que celui-ci fut majeur. Ils étaient tous deux si charmants, ils étaient si épris l'un de l'autre, que tout le monde se réjouissait de cette union, à l'exception de la vieille marquise de Dumbleton, qui avait tenté de mettre le grappin sur le duc pour l'une de ses sept filles restées sans mari — elle n'avait pas offert, à cette fin, moins de trois dîners fort onéreux — et, chose étrange, de Mr Otis lui-même. Mr Otis avait beaucoup d'affection pour la personne du jeune duc, mais, par principe, il était contre les titres nobiliaires et, pour employer sa propre expression, « il n'était pas sans redouter que les influences débilitantes d'une aristocratie éprise de plaisir fissent oublier les vrais principes de la simplicité républicaine ». On passa outre à ses objections, cependant, et je crois que lorsqu'il conduisit sa fille à l'autel, en l'église St. George de Hanover Square, il n'était point d'homme plus fier que lui dans toute l'Angleterre.

Après leur lune de miel, le duc et la duchesse se rendirent à Canterville Chase et, le lendemain de leur arrivée, dans l'après-midi, ils allèrent jusqu'au cimetière solitaire près du bois de pins.

---

8. ▲ **enervating** : ['enɔveitiŋ]. Dérivé de **nerve,** *énergie. Énerver* se dira **to irritate, to annoy, to get on sbd's nerves.**

9. ⚠ **apprehension lest... should be forgotten : lest** , *de peur que,* se construit avec le subjonctif modal **should**. On peut aussi employer l'autre forme du subjonctif . **lest the principles be forgotten.**

10. **walked up the aisle :** « *s'avança dans l'allée centrale* (de l'église). » **Aisle** [aɪl]. **To lead someone down the aisle,** *conduire à l'autel.*

11. **there was not a prouder man... England :** « *il n'y avait pas d'homme plus fier dans toute la longueur et la largeur de l'Angleterre.* »

12. **walked over to : over** ici ne fait que signaler l'idée de mouvement, d'espace franchi. Ne pas confondre avec **to walk over sbd,** *ne pas traiter qqun avec égards* ; **I won't let him walk over me,** *je ne le laisserai pas me marcher sur les pieds.*

There had been a great deal of difficulty at first about the inscription on Sir Simon's tombstone [1], but finally it had been decided to engrave on it simply the initials [2] of the old gentleman's name, and the verse [3] from the library window. The Duchess had brought with her some lovely roses, which she strewed upon the grave, and after they had stood by it for some time they strolled into the ruined chancel [4] of the old abbey. There the Duchess sat down on a fallen pillar, while her husband lay at her feet smoking a cigarette and looking up at her beautiful eyes. Suddenly he threw his cigarette away, took hold of her hand, and said to her, "Virginia, a wife should have no secrets from her husband."

"Dear Cecil! I have no secrets from you."

"Yes, you have [5]", he answered, smiling, "you have never told me what happened to you when you were locked up with the ghost."

"I have never told any one, Cecil", said Virginia gravely.

"I know that [6], but you might tell me."

"Please don't ask me, Cecil. I cannot tell you. Poor Sir Simon! I owe [7] him a great deal. Yes, don't laugh, Cecil, I really do. He made me see what Life is, and what Death signifies, and why Love is stronger than both."

The Duke rose and kissed his wife lovingly.

"You can have your secret as long as I have your heart [8]", he murmured.

"You have always had that, Cecil."

"And you will tell our children some day, won't you?" Virginia blushed.

---

1 **there had been... tombstone :** « *il y avait eu beaucoup de difficultés d'abord au sujet de l'inscription sur la tombe de Sir Simon.* »
Tombstone : ['tuːmstəun].

2. **initials :** [i'niʃəlz].

3. ▲ **verse :** *strophe, couplet.* **Verse drama,** *drame en vers. Un vers,* a line.

4. **chancel :** ['tʃaːnsəl].

5. △ **yes, you have :** reprise positive de l'expression négative **I have no secrets.** Cette reprise de l'auxiliaire de signe contraire permet d'exprimer une contradiction forte.

« **You did not shut the door — Yes I did.** »
« *Tu n'as pas fermé la porte — Si, je l'ai fermée.* »
« **You can do it — No I can't.** »
« *Tu peux le faire — Non, je ne peux pas.* »

94

L'inscription que l'on graverait sur le tombeau de Sir Simon avait d'abord suscité de sérieux problèmes, mais on avait fini par décider qu'elle se limiterait aux initiales du vieux gentilhomme et aux vers que l'on lisait sur la fenêtre de la bibliothèque. La duchesse avait apporté de jolies roses qu'elle éparpilla sur la tombe, et après être restés là un moment, ils allèrent faire quelques pas dans le chœur en ruine de l'ancienne abbaye. La duchesse s'assit sur un pilier abattu, tandis que son mari s'étendait à ses pieds pour fumer une cigarette. Il jeta tout à coup sa cigarette, prit la main de sa femme et lui dit : « Une femme ne doit avoir aucun secret pour son mari. »

« Cher Cecil ! Je n'ai aucun secret pour toi. »

« Oh si, répondit-il en souriant, tu ne m'as jamais raconté ce qui t'était arrivé quand tu es restée enfermée avec le fantôme. »

« Je ne l'ai jamais dit à personne », dit gravement Virginia.

« Je le sais, mais tu pourrais peut-être me le dire. »

« Non, Cecil, ne me demande pas cela, s'il te plaît. Je ne peux pas te le dire. Pauvre Sir Simon ! Je lui dois beaucoup. C'est vrai, Cecil, ne ris pas, je lui dois vraiment beaucoup. Il m'a fait voir ce qu'est la Vie, ce que signifie la Mort, et pourquoi l'Amour est plus fort que la Vie et la Mort. »

Le duc se leva et embrassa tendrement sa femme.

« Tu peux garder ton secret tant que tu me donneras ton cœur », murmura-t-il.

« Mon cœur a toujours été à toi, Cecil. »

« Et un jour tu le diras à nos enfants, n'est-ce pas ? »

Virginia rougit.

---

6. ⚠ **I know that :** il n'est pas d'usage d'employer it après **to know** On dira généralement **I know**, ou **I know that**, *je le sais*. Cette omission de **it** se produit aussi avec **ask** et avec **tell** : voir plus loin **don't ask me, I cannot tell you, you will tell our children.**

7. **owe :** [əʊ].

8. ⚠ **as long as I have your heart :** « *aussi longtemps que j'aurai ton cœur* » Pas de futur après **as long as**, conjonction de subordination temporelle.

Révisions

Dans le conte que vous venez de lire vous avez rencontré l'équivalent des expressions françaises suivantes.
Vous en souvenez-vous ?

1. Tout le monde lui disait qu'il faisait une folie.
2. On le connaît bien depuis trois siècles, depuis 1584, en fait.
3. Un fantôme, monsieur, ça n'existe pas.
4. Vous devrez vous rappeler que je vous ai averti.
5. Canterville Chase est à sept milles d'Ascot, la gare la plus proche.
6. Je crois qu'on a renversé quelque chose.
7. A peine avait-il dit ces mots que Mrs Umney s'évanouit.
8. La tempête fit rage toute cette nuit-là.
9. Ce doit être le fantôme.
10. Toute la famille sortit faire une promenade en voiture.
11. Je tiens à ce que vous graissiez ces chaînes.
12. Jamais il n'avait été si grossièrement insulté.
13. Il jura que le fantôme l'avait forcé à l'avaler.
14. Il serait tout à fait impossible de dormir, avec ce bruit.
15. Il se frottait les genoux, avec une expression d'intense douleur.
16. Des bruits de pas qui se rapprochaient le firent hésiter.
17. Il était tombé lourdement sur le carrelage.

1. Every one told him he was doing a foolish thing.
2. It has been well known for three centuries, since 1584 in fact.
3. There is no such thing, Sir, as a ghost.
4. You must remember I warned you.
5. Canterville Chase is seven miles from Ascot, the nearest railway station.
6. I'm afraid something has been spilt.
7. No sooner had he said these words than Mrs Umney fainted.
8. The storm raged fiercely all that night.
9. It must be the ghost.
10. The whole family went out for a drive.
11. I insist on your oiling those chains.
12. Never had he been so grossly insulted.
13. He swore the ghost had made him swallow it.
14. It would be quite impossible to sleep, with such a noise.
15. He was rubbing his knees, with an expression of acute agony.
16. The sound of approaching footsteps made him hesitate.
17. He had fallen heavily on the stone pavement.

18. On entendait trembler toutes les portes et les fenêtres.
19. Il entendit la famille qui allait se coucher.
20. Il résolut d'aller parler à l'autre fantôme dès qu'il ferait jour.
21. Il tressaillait au moindre bruit.
22. Cela faisait plus de soixante-dix ans qu'il n'était pas apparu sous ce déguisement.
23. Ses préparatifs lui prirent trois bonnes heures.
24. C'était la véritable origine de leur querelle avec leur voisin.
25. On pensait généralement que le fantôme était parti.
26. Tout fut fait pour étouffer cette histoire, par respect pour la famille.
27. En rentrant à la maison, elle décida de remonter par l'escalier de derrière.
28. Il ne se rendit compte de sa présence que lorsqu'elle lui adressa la parole.
29. Je ne voyais pas pour quelle raison je ne prendrais pas vos peintures.
30. Cela fait trois cents ans que je ne dors pas.
31. Elle avait l'impression d'être plongée dans un rêve terrible.
32. Ses doigts étaient froids comme de la glace.
33. Elle envoya les garçons à sa recherche.

18. All the windows and doors shook and rattled.
19. He heard the family going to bed.
20. He determined to go and speak to the other ghost as soon as it was daylight.
21. He started at the slightest noise.
22. He had not appeared in this disguise for more than seventy years.
23. It took him fully three hours to make his preparations.
24. It was the real origin of their quarrel with their neighbour.
25. It was generally assumed that the ghost had gone away.
26. Every attempt was made to hush up the story, out of respect to the family.
27. On her return home she made up her mind to go up by the back staircase.
28. He was not aware of her presence till she spoke to him.
29. I saw no reason why I should not have your paints.
30. I have not slept for three hundred years.
31. She felt as if she was in a terrible dream.
32. His fingers were as cold as ice.
33. She sent the boys out to look for her.

34. Je ne pourrai pas dîner tant qu'on n'aura pas retrouvé Virginia.
35. On n'avait pas trouvé la moindre trace de Virginia.
36. Il télégraphierait dans la matinée pour qu'on envoie immédiatement quelques détectives.
37. Ta mère était morte de peur.
38. Le corbillard était tiré par huit chevaux noirs.
39. Il était venu exprès du Pays de Galles pour assister aux funérailles.
40. Elle avait le droit de le voir disparaître à tout jamais.
41. Ses yeux s'embuèrent de larmes.
42. J'avoue que je suis très surpris.
43. Le vieux sacripant m'en ferait voir de tous les diables.
44. Tout le monde se réjouissait de cette union.
45. On passa outre à ses objections.
46. Une femme ne doit pas avoir de secrets pour son mari.
47. Je n'en ai jamais parlé à personne.
48. Il m'a fait voir ce qu'est la vie.

34. I can't eat my dinner as long as Virginia is lost.
35. Not the slightest trace of Virginia had been discovered.
36. He would telegraph in the morning for some detectives to be sent down immediately.
37. Your mother has been frightened to death.
38. The hearse was drawn by eight black horses.
39. He had come up especially from Wales to attend the funeral.
40. She had a right to see the last of him.
41. Her eyes became dim with tears.
42. I confess I am a good deal surprised.
43. The wicked old fellow would lead me the devil of a life.
44. Everybody was delighted at the match.
45. His objections were overruled.
46. A wife should have no secrets for her husband.
47. I have never told anybody.
48. He made me see what life is.

The Model Millionaire
A Note [1] of Admiration

Le millionnaire modèle
Avec un point d'admiration

Unless one is wealthy[2] there is no use in being[3] a charming fellow. Romance[4] is the privilege of the rich, not the profession of the unemployed. The poor should be practical and prosaic. It is better to have a permanent income than to be fascinating. These are the great truths of modern life which Hughie Erskine never realized. Poor Hughie! Intellectually, we must admit, he was not of much importance. He never said a brilliant or even an ill-natured thing in his life. But then he was wonderfully good-looking, with his crisp[5] brown hair, his clear-cut profile, and his grey eyes. He was as popular with men as he was with women, and he had every accomplishment except that of making money. His father had bequeathed[6] him his cavalry sword and a *History of the Peninsular War*[7] in fifteen volumes. Hughie hung the first over his looking-glass, put the second on a shelf between *Ruff's Guide* and *Bailey's Magazine*, and lived on two hundred a year that an old aunt allowed him. He had tried everything. He had gone on the Stock Exchange for six months; but what was a butterfly to do among bulls and bears[8]? He had been a tea-merchant for a little longer, but had soon tired of pekoe and souchong[9]. Then he had tried selling dry sherry[10]. That did not answer; the sherry was a little too dry. Ultimately he became nothing, a delightful, ineffectual young man[11] with a perfect profile and no profession.

To make matters worse, he was in love. The girl he loved was Laura Merton, the daughter of a retired Colonel who had lost his temper and his digestion[12] in India, and had never found either of them again.

---

1. A rapprocher de **a note of exclamation,** *un point d'exclamation* ; **a note of interrogation,** *un point d'interrogation*. Souligne ce que peut avoir d'admirable le fait d'être millionnaire et modèle, ce que ne permet aucun signe typographique existant. Voir fin du texte.

2. **unless one is wealthy :** « *à moins que l'on ne soit riche.* »

3. △ **there is no use in being :** on peut dire aussi, et plus couramment, **it's no use being.** Également **there's no use being.** Noter les deux questions : **that is the use of + -ing ?** ; **that use is there in + -ing ?** *à quoi bon... ?*

4. **romance :** les différents sens de **romance** tournent autour de la double notion de passion et d'aventure. **Their romance lasted three months,** *leur idylle a duré trois mois* ; **he was her first romance,** *il fut son premier amour* , **the romance of foreign lands,** *la fascination de l'exotisme.*

5. **crisp :** en parlant de cheveux, *frisé*. **Crisp bread,** *pain croustillant* ; **crisp** reply, *réplique vive* , **crisp tone,** *ton cassant.*

À moins d'avoir de la fortune, rien ne sert d'être charmant garçon. Les beaux romans d'amour sont le privilège des riches, non la profession de qui n'a point d'emploi. Il convient aux pauvres d'être pratiques et prosaïques. Il vaut mieux avoir un revenu assuré qu'une personnalité fascinante. Telles sont les grandes vérités de la vie moderne dont Hughie Erskine n'eut jamais conscience. Pauvre Hughie ! Du point de vue intellectuel, il nous faut l'admettre, il ne faisait pas le poids et de sa vie jamais il ne dit quoi que ce soit de brillant ou même de malveillant. Par contre, il était fort joli garçon avec ses cheveux bruns et frisés, son profil bien dessiné, et ses yeux gris. Il avait autant de succès auprès des hommes qu'auprès des femmes, et possédait tous les talents d'un jeune homme accompli, sauf celui de gagner de l'argent. Son père lui avait légué son sabre de cavalerie et une *Histoire de la Guerre de la Péninsule* en quinze volumes. Il accrocha le premier au-dessus de son miroir, rangea les seconds sur un rayon entre le *Ruff's Guide* et le *Bailey's Magazine* et vécut d'une pension annuelle de deux cents livres que lui allouait une vieille tante. Il avait tout essayé. Il avait tâté de la Bourse pendant six mois, mais que pouvait faire un papillon parmi les requins de la spéculation ? Il avait fait le commerce du thé un peu plus longtemps, mais s'était bientôt lassé du pekoe et du souchong. Il avait ensuite essayé de vendre du xérès sec. Cela n'avait pas fait l'affaire, car le xérès était un peu trop sec. Il ne devint, en fin de compte, rien : charmant jeune homme incompétent, qui avait un profil de médaille et n'avait pas de profession.

Comble d'infortune, il était amoureux. La jeune fille qu'il aimait s'appelait Laura Merton. Elle était fille d'un colonel en retraite à qui les Indes avaient donné mauvais caractère et mauvaise digestion, deux choses dont jamais par la suite il n'avait pu se défaire.

---

6. **bequeathed** : [bi'kwiːðd].

7. **Peninsular War** : livrée par les Anglais contre Napoléon en Espagne et au Portugal (1808-1814).

8. **bulls and bears** : *taureaux* et *ours*, mais à la Bourse, **bull**, *spéculateur à la hausse* ; **bear**, *spéculateur à la baisse*.

9. **pekoe, souchong** : deux variétés réputées de thé. Le **pekoe** est fait à partir de feuilles jeunes ; le **souchong** est un thé de Chine noir.

10. **sherry** : vin de la région de Jerez de la Frontera en Andalousie.

11. **a delightful young man** : l'expression explicite ce que Wilde entend par **nothing**. L'article **a** est indispensable.

12. **had lost his temper and his digestion** : « *avait perdu son tempérament et sa digestion.* » **To lose one's temper**, *se mettre en colère*.

Laura adored him, and he was ready to kiss her shoe-strings [1]. They were the handsomest [2] couple in London, and had not a penny-piece [3] between them. The Colonel was very fond of Hughie, but would not hear [4] of any engagement.

"Come to me, my boy, when you have got ten thousand pounds of your own, and we will see about it", he used to say; and Hughie looked very glum in those days, and had to go to Laura for consolation.

One morning, as he was on his way to Holland Park, where the Mertons [5] lived, he dropped in to see a great friend of his, Alan Trevor. Trevor was a painter. Indeed, few people escape that [6] nowadays. But he was also an artist, and artists are rather rare. Personally [7] he was a strange rough fellow, with a freckled face and a red, ragged beard. However, when he took up the brush he was a real master, and his pictures were eagerly sought after. He had been very much attracted [8] by Hughie at first, it must be acknowledged, entirely on account of his personal charm. "The only people a painter should know", he used to say, "are people who are *bête* and beautiful, people who are an artistic pleasure to look at and an intellectual repose [9] to talk to. Men who are dandies and women who are darlings [10] rule the world, at least they should do so [11]." However, after he got to know Hughie better, he liked him quite as much for his bright, buoyant [12] spirits and his generous, reckless nature, and had given him the permanent *entrée* to his studio [13].

---

1. **her shoe-strings :** il est parfois nécessaire d'expliciter l'adjectif possessif pour éviter toute ambiguïté en français.
2. **handsomest : handsome** accepte deux formes de superlatif : **handsomest** et most handsome.
3. **piece :** s'emploie à la place de **coin** lorsqu'il est précédé de l'indication de valeur. **The machine would not take 50p pieces,** *la machine n'acceptait pas les pièces de 50 pence.*
4. △ **would not hear : would** n'est pas ici la marque d'un conditionnel.
5. △ **the Mertons :** les noms patronymiques se mettent au pluriel en anglais.
6. **that** = being a painter.
7. **personally :** as a person ; I like him personally, but not as a painter, *je l'aime bien en tant que personne, mais pas en tant que peintre.*

Laura adorait Hughie, qui aurait volontiers couvert de baisers les lacets de chaussures de la jeune fille. Ils formaient le plus beau couple de Londres et ne possédaient pas un sou à eux deux. Le colonel aimait bien Hughie mais ne voulait pas entendre parler de fiançailles.

« Venez me trouver quand vous aurez dix mille livres bien à vous, mon garçon, et nous verrons cela », disait-il. Hughie avait alors la mine fort morose, et il lui fallait aller se consoler auprès de Laura.

Un matin, alors qu'il se rendait à Holland Park, où résidaient les Merton, il s'arrêta au passage pour voir Alan Trevor, l'un de ses grands amis. Trevor était peintre. Rares, il est vrai, sont ceux qui échappent à cette vocation, de nos jours, mais c'était aussi un artiste, et les artistes ne courent guère les rues. C'était un étrange personnage mal dégrossi, avec des taches de rousseur et une hirsute barbe rousse ; mais lorsqu'il avait le pinceau à la main, c'était véritablement un maître, dont les tableaux étaient fort recherchés. Ce qui l'avait d'abord séduit chez Hughie, il faut le reconnaître, c'était uniquement le charme de son physique. « Un peintre, disait-il volontiers, ne devrait connaître que des gens *bêtes* et beaux, qui apportent un plaisir esthétique quand on les regarde et le repos intellectuel lorsqu'on leur parle. C'est le chic des hommes et le charme des femmes qui mènent le monde, ou du moins qui devraient le mener. » Cependant, ayant appris à mieux connaître Hughie, il l'aimait tout autant pour sa nature gaie et enjouée, son insouciance et sa générosité, et lui avait accordé en permanence l'autorisation d'entrer dans son atelier.

---

8. △ **very much attracted :** devant un participe passé l'adverbe intensif est en général **much**. Mais on emploiera **very** devant des adjectifs à forme de participe passé, comme **tired, pleased. I am very tired,** *je suis très fatigué.*

9. **repose :** [ri'pəuz].

10. **men who are dandies... darlings :** « *les hommes qui sont des dandies et les femmes qui sont des femmes adorables.* »

11. **should do so : do so** reprend l'expression **rule the world**.

12. **buoyant :** ['bɔɪənt] ; dérivé de **buoy** [bɔɪ], *bouée. Capable de flotter.* **Buoyant spirits,** *humeur gaie* ; **a buoyant economy,** *une économie qui se porte bien.*

13. △ **studio :** ['stju:dɪəu] ; *atelier* (d'artiste), *studio* (cinéma). *Un studio :* **a flatlet, a studio flat, a bedsit** (angl.), **a studio apartment** (amér.).

When Hughie came in he found Trevor putting the finishing touches to a wonderful life-size picture of a beggar-man. The beggar himself was standing on a raised platform in a corner of the studio. He was a wizened[1] old man, with a face like wrinkled parchment, and a most piteous[2] expression. Over his shoulder was flung a coarse brown cloak, all tears[3] and tatters; his thick boots were patched and cobbled[4], and with one hand he leant[5] on a rough stick[6], while with the other he held out his battered hat for alms[7].

"What an amazing model!" whispered Hughie, as he shook hands with his friend.

"An amazing model?" shouted Trevor at the top of his voice; "I should think so[8]! Such beggars as he are not to be met with every day[9]. A *trouvaille, mon cher*; a living Velasquez! My stars[10]! what an etching Rembrandt would have made of him!"

"Poor old chap!" said Hughie, "how miserable he looks! But I suppose, to you painters, his face is his fortune?"

"Certainly", replied Trevor, "you don't want a beggar to look happy, do you?"

"How much does a model get for sitting?" asked Hughie, as he found himself a comfortable seat on a divan.

"A shilling[11] an hour."

"And how much do you get for your picture, Alan?"

"Oh, for this I get two thousand!"

"Pounds?"

---

1. **wizened :** ['wɪzənd], *flétri, desséché.*
2. **a most piteous : piteous** ['pɪtɪəs] = *pitiful.* Emploi du superlatif absolu : a most piteous expression = an extremely piteous expression.
3. **tears :** [tɜəz], *déchirures, accrocs.* Ne pas confondre avec **tears** [tɪəz], *larmes.* **Tatters** (pluriel uniquement) s'emploie surtout dans l'expression **in tatters,** *en guenilles, en lambeaux.*
4. **patched and cobbled : to patch,** *rapiécer.* A **patch,** *une pièce.* **To cobble,** *rapetasser* (des chaussures) ; **cobbler** désignait le *cordonnier* (qui réparait les chaussures). **To cobble sth together,** *bricoler qqch.*
5. **leant : to lean,** *pencher ; se pencher ; s'appuyer,* a deux formes de prétérit et de participe passé : **leaned** [liːnd] et **leant** [lɛnt].
6. **rough stick :** « *bâton grossier.* »

Lorsque Hughie entra, il trouva Trevor occupé à mettre les touches finales à un merveilleux portrait de mendiant grandeur nature. Le mendiant en personne se tenait sur une estrade dans un coin de l'atelier. C'était un vieillard tout flétri dont le visage ridé comme un vieux parchemin inspirait la plus grande pitié. On avait jeté sur ses épaules un manteau marron de drap grossier, une véritable guenille ; ses gros souliers étaient rapetassés de toute part, et d'une main il s'appuyait sur un bâton rustique tandis que de l'autre il tendait son chapeau informe pour recevoir l'aumône.

« Quel modèle étonnant », murmura Hughie en serrant la main de son ami.

« Etonnant ? » s'exclama Trevor de toute la force de sa voix, « je crois bien ! Des mendiants comme lui, on n'en rencontre pas tous les jours. Une *trouvaille, mon cher*, un Velasquez vivant ! Ma bonne étoile ! Rembrandt en aurait fait une fameuse eau-forte ! »

« Le pauvre vieux ! dit Hughie, qu'il a l'air misérable ! Mais je suppose que pour vous autres peintres, sa fortune est dans son visage ? »

« Certainement, repartit Trevor, vous ne voudriez pas qu'un mendiant ait l'air heureux, non ? »

« Combien gagne un modèle pour poser ? » demanda Hughie en s'installant confortablement sur un divan.

« Un shilling de l'heure. »

« Et combien vous paie-t-on vos tableaux ? »

« Oh, celui-ci, j'en tirerai deux mille. »

« Livres ? »

---

7. **alms** : [a:mz] ; n'existe qu'au pluriel , *aumône*. **Alms-box,** *tronc* (pour les pauvres).

8. **I should think so : should** n'exprime pas une idée d'obligation, ici. Il renvoie à l'idée de norme communément acceptée . *je le pense* (et c'est normal de le penser).

9. **such beggars... every day :** « *des mendiants tels que lui ne seront pas rencontrés tous les jours.* » Noter l'éclatement de l'expression **such... as**. On dira plus simplement **beggars like him**.

10. **my stars :** cette exclamation est à rapprocher d'une expression comme **you can thank your lucky stars,** *tu peux remercier tes bonnes étoiles.*

11. **shilling :** dans l'ancien système monétaire anglais (avant 1971), le shilling valait 12 pence et il y avait 20 shillings dans une livre.

"Guineas [1]. Painters, poets, and physicians always get guineas."

"Well, I think the model should have a percentage", cried Hughie, laughing; "they work quite as hard as you do [2]."

"Nonsense, nonsense! Why, look at the trouble of laying on the paint alone, and standing all day long at one's easel! It's all very well, Hughie, for you to talk, but I assure you that there are moments when Art almost attains to the dignity of manual labour. But you mustn't chatter; I'm very busy. Smoke a cigarette, and keep quiet [3]."

After some time the servant came in, and told Trevor that the framemaker wanted to speak to him.

"Don't run away, Hughie", he said, as he went out, "I will be back in a moment."

The old beggar-man took advantage of Trevor's absence to rest for a moment on a wooden bench that was behind him. He looked so forlorn [4] and wretched that Hughie could not help pitying him, and felt in his pockets to see what money [5] he had. All he could find was a sovereign [6] and some coppers. "Poor old fellow", he thought to himself, "he wants [7] it more than I do, but it means no hansoms [8] for a fortnight [9]"; and he walked across the studio and slipped the sovereign into the beggar's hand.

The old man started [10], and a faint smile flitted across his withered lips. "Thank you, sir", he said, "thank you."

Then Trevor arrived, and Hughie took his leave, blushing a little at what he had done. He spent the day with Laura, got a charming scolding for his extravagance, and had to walk home.

---

1. **guineas :** ['gɪnɪz]. La *guinée* est une ancienne unité de compte qui valait 21 shillings (1 livre + 1 shilling). On l'utilise encore quelquefois dans les ventes aux enchères (**auction sales**).
2. **as hard as you do : hard** est l'adverbe intensif souvent associé à des verbes comme **work, try, think**.
3. **keep quiet :** [kwaɪət]. **To keep quiet**, *se taire*. You are very quiet today, *tu ne dis pas grand-chose aujourd'hui* ; **quiet, please!** *silence, s'il vous plaît !* **To keep quiet** signifie aussi **to keep still**, *se tenir tranquille* ; **keep still !** *ne bouge pas !*
4. **forlorn :** [fə'lɔːn], *désolé ; malheureux ; délaissé.* A forlorn attempt, *une tentative sans espoir* ; it is a forlorn hope, *c'est un bien mince espoir.*

« Guinées. Les peintres, les poètes et les médecins se font toujours payer en guinées. »

« Eh bien, je crois que le modèle devrait recevoir un pourcentage, s'écria Hughie en riant ; ils travaillent autant que vous. »

« Absurde, absurde ! Tenez, regardez simplement la difficulté qu'il y a à poser la peinture et à rester debout toute la journée devant le chevalet ! Vous pouvez en parler à votre aise, Hughie, mais je vous assure qu'il y a des moments où l'Art atteint presque à la dignité du travail manuel. Mais cessez votre bavardage. J'ai beaucoup à faire. Fumez une cigarette et taisez-vous. »

Au bout d'un certain temps le domestique entra et informa Trevor que l'encadreur désirait lui parler.

« Ne vous sauvez pas, Hughie, dit-il en sortant, je reviens dans un instant. »

Le vieux mendiant profita de l'absence de Trevor pour se reposer un moment sur un banc de bois qui était derrière lui. Il avait l'air si malheureux, si misérable, que Hughie ne pouvait qu'être saisi de pitié, et il fouilla dans sa poche pour voir combien il avait sur lui. Il ne put trouver qu'un souverain et quelque menue monnaie. Le pauvre vieux, se dit-il, il en a plus grand besoin que moi, mais cela signifie quinze jours sans fiacre, et, traversant l'atelier, il alla glisser le souverain dans la main du mendiant.

Le vieil homme, surpris, sursauta, et un léger sourire flotta un instant sur ses lèvres flétries. « Merci, monsieur, dit-il, merci. »

Puis Trevor revint et Hughie prit congé, rougissant un peu de ce qu'il avait fait. Il passa la journée en compagnie de Laura, se fit gentiment gronder pour sa prodigalité, et dut rentrer chez lui à pied.

---

5. △ **what money :** emploi de **what** + nom (ou + adj. + nom) comme relatif = **the which.** He gave him what little money he had, *il lui donna le peu d'argent qu'il avait.*

6. **sovereign :** ['sɒvrɪn], ancienne pièce d'or valant 20 shillings. **Coppers,** pièces de bronze, *petite monnaie.*

7. **wants :** ici **want** a le sens de *avoir besoin.* A rapprocher de l'expression (un peu ancienne) **to be in want of** = **to need.**

8. **hansoms :** ['hænsəmz]. **A hansom**/hansom cab, *fiacre* à deux roues, conduit par un cocher qui se tenait à l'arrière. Du nom de son inventeur J.A. Hansom (1803-1882).

9. **fortnight :** l'anglais ne dit pas **fifteen days** mais **a fortnight** (= **fourteen nights**). De même on ne dit pas **eight days** mais **a week**, mot qui a remplacé **sennight** (= **seven nights**).

10. **started : to start,** ici, *sursauter* (sous l'effet de la surprise ou de la peur).

That night he strolled into the Palette Club about eleven o'clock, and found Trevor sitting by himself in the smoking-room drinking hock and seltzer [1].

"Well, Alan, did you get the picture finished all right?" he said, as he lit his cigarette.

"Finished and framed, my boy!" answered Trevor; "and, by the bye [2], you have made a conquest. That old model you saw is quite devoted [3] to you. I had to tell him all about you — who you are, where you live. What your income is, what prospects you have —."

"My dear Alan", cried Hughie, "I shall probably find him waiting for me when I go home. But, of course, you are only joking. Poor old wretch! I wish I could [4] do something for him. I think it is dreadful that any one should be so miserable. I have got heaps of old clothes [5] at home — do you think he would care for any of them? Why, his rags were falling to bits."

"But he looks splendid in them", said Trevor. "I wouldn't paint him in a frock coat for anything. What you call rags I call romance. What seems poverty to you is picturesqueness to me. However, I'll tell him of your offer."

"Alan", said Hughie seriously, "you painters are [6] a heartless lot."

"An artist's heart is his head", replied Trevor; "and besides, our business is to realize the world as we see it, not to reform it as we know it. *À chacun son métier*. And now tell me how Laura is. The old model was quite interested in her."

---

1. **hock and seltzer : hock**, vin blanc allemand de la vallée du Main produit en particulier à Hochheim. **Seltzer water**, eau minérale des sources de Nieder-Selters, en Allemagne, ou son équivalent artificiel, appelé aussi **soda-water** (**soda**, *soude* ; *un soda*, **a fizzy**, **soft drink**).

2. **by the bye :** ou by the by = incidentally. **Bye (by)** évoque dans les mots composés un caractère secondaire, accessoire. **By-product**, *sous-produit*, dérivé ; **by-election**, *élection partielle* ; **by-law**, *arrêté* (municipal, par ex.) ; **byway**, *petite route* (peu fréquentée).

3. **devoted : devotion** signifie soit *dévouement* soit *attachement profond*. **To devote oneself to a cause**, *se consacrer à une cause*.

4. △ **I whish I could :** après **wish**, le prétérit (ici) ou le plus-que-parfait expriment la notion de regret par rapport à la réalité d'un

Il s'en fut, ce soir-là, faire un tour au Club de la Palette vers onze heures, et trouva Trevor seul, installé dans le fumoir, buvant un vin du Main à l'eau de seltz.

« Alors, Alan, avez-vous terminé votre tableau comme vous vouliez ? » dit-il en allumant une cigarette.

« Terminé et encadré, mon cher », répondit Trevor, et, à propos, vous avez fait une conquête. Ce vieux modèle que vous avez rencontré s'est pris d'une extrême affection pour vous. J'ai dû tout lui raconter de ce qui vous concerne : qui vous êtes, où vous habitez ; vos revenus, vos perspectives d'avenir... »

« Mon cher Alan, s'exclama Hughie, je vais sans doute le trouver à ma porte en rentrant chez moi. Mais, bien sûr, vous plaisantez, c'est tout. Le pauvre vieux ! J'aimerais pouvoir faire quelque chose pour lui. C'est terrible, je crois, d'être si pauvre. J'ai un tas de vieux vêtements chez moi ; croyez-vous que quelque chose l'intéresserait ? Vous l'avez vu, ses haillons tombaient en loques. »

« Mais il a une allure splendide en haillons, dit Trevor ; pour rien au monde je ne voudrais faire son portrait en frac. Où vous voyez des haillons je vois du romanesque. Ce qui vous paraît être de la pauvreté, c'est pour moi du pittoresque. Quoi qu'il en soit, je lui ferai part de votre offre. »

« Alan, dit Hughie d'un ton sérieux, vous autres peintres, vous n'avez pas de cœur.

« Le cœur d'un artiste est dans sa tête, repartit Trevor, et, d'ailleurs, notre mission est de représenter le monde tel que nous le voyons, non de le réformer tel que nous le connaissons. *A chacun son métier* Et maintenant dites-moi comment va Laura. Le vieux modèle s'est beaucoup intéressé à elle. »

---

fait présent ou passé. Réalité . **I cannot do it** (and I regret it) — **I wish I could do it**. Autre exemple . **He did not come** (and I regret it) — **I wish he had come**.

5. △ **clothes :** le singulier **cloth** [klɒθ] signifie *étoffe* ; *nappe* **(tablecloth)** ; *chiffon* ; et son pluriel est **cloths**. Le mot pluriel **clothes** [kləʊðz] signifie *habits, vêtements* et n'a pas de singulier en ce sens. *Un vêtement*, **an article of clothing, a garment**.

6. **you painters are :** pas de redoublement du pronom sujet en anglais.

"You don't mean to say you talked to him about her?" said Hughie.

"Certainly I did[1]. He knows all about the relentless colonel, the lovely Laura, and the £ 10,000."

"You told that old beggar all my private affairs?" cried Hughie, looking very red and angry.

"My dear boy", said Trevor, smiling, "that old beggar, as you call him, is one of the richest men in Europe. He could buy all London tomorrow without overdrawing his account[2]. He has a house in every capital, dines off gold plate[3], and can prevent Russia going to war when he chooses."

"What on earth do you mean?" exclaimed Hughie.

"What I say", said Trevor. "The old man you saw today[4] in the studio was Baron Hausberg. He is a great friend of mine, buys all my pictures and that sort of thing, and gave me a commission a month ago to paint him as a beggar[5]. *Que voulez-vous? La fantaisie d'un millionnaire!* And I must say he made a magnificent figure in his rags, or perhaps I should say in my rags; they are an old suit I got in Spain."

"Baron Hausberg!" cried Hughie. "Good heavens! I gave him a sovereign!" and he sank into an arm-chair the picture of dismay.

"Gave him a sovereign!" shouted Trevor, and he burst into a roar of laughter. "My dear boy, you'll never see it again. *Son affaire c'est l'argent des autres.*"

"I think you might have told me, Alan", said Hughie sulkily[6], "and not have let me make such a fool of myself[7]."

---

1. **I did :** l'auxiliaire reprend **you don't mean... you talked**. L'opposition entre la phrase négative et l'auxiliaire positif permet de contredire vigoureusement la première proposition. Autre exemple : I cannot do it ! — Of course, you can ! *mais si, bien sûr.*

2. **overdrawing his account :** my account is overdrawn by £100, I have got an overdraft of £100, *j'ai un découvert de 100 livres* ; to draw money from the bank, *retirer de l'argent de la banque* ; to draw a cheque, *tirer un chèque.*

3. △ **plate :** ne pas confondre a plate, *une assiette*, et plate (invariable) *vaisselle* d'or ou d'argent (gold plate, silver plate).

4. **the old man you saw today :** la période de temps today n'étant pas achevée, on pouvait dire the old man you have seen today. En employant le prétérit saw le sujet parlant indique que le complément de temps today n'est pas important et qu'il considère l'événement you saw comme appartenant au passé.

« Vous n'allez pas me dire que vous lui avez parlé d'elle ? » dit Hughie.

« Bien sûr que si ! Il sait tout de l'implacable colonel, de l'adorable Laura, et des 10 000 livres. »

« Vous avez raconté toute ma vie privée à ce vieux mendiant ? » s'écria Hughie tout rouge de colère.

« Mon cher, dit Trevor en souriant, ce vieux mendiant, comme vous l'appelez, est l'un des hommes les plus riches d'Europe. Il pourrait acheter tout Londres demain sans faire de découvert à sa banque. Il possède une résidence dans chaque capitale, dîne dans de la vaisselle d'or, et peut empêcher la Russie d'entrer en guerre quand il le veut. »

« Mais enfin, qu'est-ce que vous me racontez là ? » s'exclama Hughie.

« Ce que je vous dis, répondit Trevor. Le vieil homme que vous avez vu aujourd'hui dans mon atelier, c'était le baron Hausberg. C'est un de mes grands amis, il achète tous mes tableaux, vous voyez ce genre de choses, et il y a un mois, il m'a commandé son portrait en mendiant. *Que voulez-vous ? La fantaisie d'un millionnaire !* Et je dois dire qu'il avait grande allure dans ses guenilles, je devrais peut-être dire dans mes guenilles : un vieux costume que j'avais acheté en Espagne. »

« Le baron Hausberg ! s'exclama Hughie. Bonté divine ! Et dire que je lui ai donné un souverain ! » Il s'effondra dans un fauteuil, image même de la consternation.

« Donné un souverain ! » s'écria Trevor, et il partit d'un énorme éclat de rire. « Mon cher, voilà un souverain que vous ne reverrez jamais. *Son affaire, c'est l'argent des autres.* »

« Je crois que vous auriez pu me le dire, Alan, reprit Hughie d'un ton renfrogné, et ne pas me laisser me conduire comme un tel imbécile. »

---

5. △ **as a beggar :** « *en tant que mendiant.* » **As** permet d'identifier. Ne pas confondre avec **like** qui permet de faire une comparaison : **he lives like a beggar,** *il vit comme un mendiant.*

6. **sulkily :** to be sulky, *bouder* ; to look sulky, *faire la tête.* On peut dire également **to be in the sulks, to have a fit of the sulks.**

7. **not have let me... myself :** toute cette expression dépend de **might** (comme **have told me**). **Might** n'exprime pas ici une probabilité, mais permet de formuler un reproche *(tu pouvais, mais tu ne l'as pas fait).* **To make a fool of oneself,** « *faire de soi-même un imbécile.* » ; **fool** est un nom ; l'adjectif correspondant est **foolish.** *Un fou,* **a madman.**

"Well, to begin with, Hughie", said Trevor, "it never entered my mind that you went about distributing alms in that reckless way. I can understand your kissing [1] a pretty model, but your giving a sovereign to an ugly one – by Jove [2], no! Besides, the fact is that I really was not at home today to any one; and when you came in I didn't know whether Hausberg would like his name mentioned [3]. You know he wasn't in full dress [4]."

"What a duffer he must think me!" said Hughie.

"Not at all. He was in the highest spirits after you left; kept chuckling to himself and rubbing his old wrinkled hands together. I couldn't make out why he was so interested to know all about you; but I see it all now. He'll invest your sovereign for you, Hughie, pay you the interest every six months [5], and have a capital story [6] to tell after dinner [7]."

"I am an unlucky devil [8]", growled Hughie. "The best thing I can do is to go to bed; and, my dear Alan, you mustn't tell any one. I shouldn't dare show my face in the Row [9]."

"Nonsense! It reflects the highest credit on your philanthropic spirit, Hughie. And don't run away. Have another cigarette, and you can talk about Laura as much as you like."

However, Hughie wouldn't stop [10], but walked home, feeling very unhappy, and leaving Alan Trevor in fits of laughter.

The next morning, as he was at breakfast, the servant brought him up a card on which was written, "Monsieur Gustave Naudin, *de la part de* M. le Baron Hausberg.

---

1. **I can understand your kissing :** il existe la même relation entre l'adjectif possessif et le substantif verbal **(your kissing)** qu'entre le pronom personnel et le verbe **(the fact that you kiss)**.

2. **by Jove :** [dʒəʊv], expression de la surprise et de la réprobation, moins offensante que **by God**.

3. **would like his name mentioned :** « *aimerait que son nom soit cité* » : le participe passé suffit pour exprimer ce passif.

4. **full dress :** *tenue de cérémonie*. Pour un militaire *grande tenue, grand uniforme*.

5. **every six months :** « *tous les six mois.* » Pour dire *tous les deux mois* on pourra dire **every two months** ou **every other month** (*un mois sur deux*).

6. **capital story : capital :** *fameux, épatant*. Permet ici le jeu de mots avec **interest**.

« Eh bien, pour commencer, Hughie, dit Trevor, il ne m'était jamais venu à l'idée que vous faisiez l'aumône à droite et à gauche d'une manière aussi inconsidérée. Que vous embrassiez un joli modèle, je peux le comprendre, mais donner un souverain à un modèle de laideur, grand Dieu non ! Et puis le fait est que je n'étais chez moi pour personne, aujourd'hui, et quand vous êtes entré je ne savais pas si Hausberg tenait à ce que je dise son nom. Il n'était pas en habit de cérémonie, vous savez. »

« Il a dû me prendre pour un sacré cornichon ! » dit Hughie.

« Pas du tout. Il était d'excellente humeur après votre départ. Il n'arrêtait pas de rire sous cape et de frotter l'une contre l'autre ses vieilles mains ridées. Je n'arrivais pas à comprendre pourquoi il s'intéressait tellement à tout ce qui vous concerne ; mais je vois parfaitement maintenant. Il va placer votre souverain pour votre compte, Hughie, vous verser les intérêts tous les six mois, et il aura une histoire d'un intérêt capital à raconter au dessert. »

« Je n'ai vraiment pas de veine, grommela Hughie. Je ferais mieux d'aller me coucher. Ne parlez de ça à personne, mon cher Alan ; je n'oserais plus me montrer sur le Row. »

« Quelle sottise ! C'est tout à l'honneur de vos sentiments philanthropiques, Hughie. Ne vous sauvez pas. Prenez une autre cigarette, et vous pourrez me parler de Laura autant qu'il vous plaira. »

Hughie refusa pourtant de s'attarder. Il rentra chez lui, très malheureux, laissant Trevor en proie à une crise de fou rire.

Le lendemain matin, alors qu'il déjeunait, le domestique lui apporta une carte sur laquelle on lisait : Gustave Naudin, de la part de M. le baron Hausberg.

---

7. **after dinner :** « *après le dîner* » ; lorsque les invités passaient au fumoir pour déguster cigares et porto, avant de rejoindre les dames.

8. **I am an unlucky devil :** « *je suis un diable qui n'a pas de chance.* » **Devil** s'emploie pour exprimer pitié et sympathie · **poor devil** ! *le pauvre diable* !

9. **Row : Rotten Row,** allée le long de la Serpentine entre Hyde Park Corner et Kensington Gardens, fréquentée par les cavaliers et équipages de la société élégante, lieu de rendez-vous à la mode, où il était de bon ton de se montrer

10. **stop :** ici = **stay,** *rester.* **I'm stopping with my aunt,** *je loge chez ma tante.*

I suppose he has come for an apology [1], said Hughie to himself; and he told the servant to show the visitor up.

An old gentleman with gold spectacles and grey hair came into the room, and said, in a slight French accent, "Have I the honour of addressing Monsieur Erskine?"

Hughie bowed [2].

"I have come from Baron Hausberg", he continued. "The baron –"

"I beg, sir, that you will offer him my sincerest [3] apologies", stammered Hughie.

"The Baron", said the old gentleman with a smile, "has commissioned me to bring you this letter"; and he extended [4] a sealed envelope.

On the outside was written, "A wedding present to Hugh Erskine and Laura Merton, from an old beggar", and inside was a cheque for £ 10,000.

When they were married Alan Trevor was the best man, and the Baron made a speech at the wedding breakfast [5].

"Millionaire models", remarked Alan, "are rare enough; but, by Jove, model millionaires are rarer still [6]!"

---

1 **▲ apology :** [ə'pɔlədʒɪ], *excuse*. To apologize, *s'excuser*. Faire l'apologie de, to praise. L'apologie, apology ou apologia.

2. **bowed :** [baud].

3. **sincerest :** on dira plus couramment **most sincere**.

4. **to extend :** n'a pas ici le sens d'*étendre* (**to stretch**) ou d'*accroître* (**to enlarge**), possible dans d'autres contextes. Est pris ici dans le sens de **give/offer**. To extend help, *offrir son aide*. Dans les formules de politesse : **to extend thanks**, *offrir ses remerciements* ; **to extend congratulation**, *présenter ses félicitations* ; **to extend condolences**, *présenter ses condoléances*. To extend a warm welcome, *souhaiter chaleureusement la bienvenue* ; **to extend an invitation**, *lancer une invitation*.

5. **breakfast :** étymologiquement *rompre* (**break**) le *jeûne* (**fast**). To fast, *jeûner*. Fast day, *jour maigre, jour de jeûne*.

6. **rarer still : still** se place d'ordinaire devant le comparatif *encore plus rare* = **even rarer**.

Il est venu me demander des excuses, je suppose, se dit Hughie, et il ordonna au domestique de faire monter le visiteur.

Un vieux monsieur aux cheveux gris, portant des lunettes cerclées d'or, entra et dit, avec un léger accent français : « Ai-je l'honneur de m'adresser à monsieur Erskine ? »

Hughie le salua d'une inclinaison du buste.

« Je viens de la part du baron Hausberg, poursuivit le monsieur. Le baron... »

« Je vous prie, monsieur, de lui présenter mes excuses les plus sincères », bredouilla Hughie.

« Le baron, dit en souriant le vieux monsieur, m'a chargé de vous remettre cette lettre », et il lui tendit un pli scellé.

L'enveloppe portait l'inscription suivante : « Cadeau de mariage à Hughie Erskine et Laura Merton, de la part d'un vieux mendiant. » Elle contenait un chèque de 10 000 livres.

Ils se marièrent ; Alan Trevor était garçon d'honneur et le baron fit un discours lors du déjeuner qui suivit la cérémonie.

« Les modèles millionnaires sont assez rares, fit observer Alan, mais le ciel m'est témoin que les millionnaires modèles le sont encore plus ! »

Révisions

Dans le conte que vous venez de lire vous avez rencontré l'équivalent des expressions françaises suivantes.
Vous en souvenez-vous ?

1. Il avait tous les dons, sauf celui de faire de l'argent.
2. Ils formaient le plus beau couple de Londres.
3. Venez me trouver quand vous aurez dix mille livres.
4. Des mendiants comme lui on n'en rencontre pas tous les jours.
5. Combien te rapporte ton tableau ?
6. Ils travaillent autant que toi.
7. Je reviens dans un instant.
8. Il fouilla dans ses poches pour voir combien il avait.
9. J'aimerais pouvoir faire quelque chose pour lui.
10. Vous autres peintres, vous n'avez pas de cœur.
11. Ce vieux mendiant est l'un des hommes les plus riches d'Europe.
12. Je crois que tu aurais pu me le dire.
13. Que tu embrasses un joli modèle, je peux le comprendre.
14. Je n'arrivais pas à comprendre pourquoi il s'intéressait tellement à toi.
15. Prends une autre cigarette.
16. Je pense qu'il est venu me demander des excuses.

1. He had every accomplishment except that of making money.
2. They were the handsomest couple in London.
3. Come to see me when you have got ten thousand pounds.
4. Such beggars as he are not to be met with every day.
5. How much do you get for your picture ?
6. They work as hard as you do.
7. I'll be back in a moment.
8. He felt in his pockets to see what money he had.
9. I wish I could do something for him.
10. You painters are a heartless lot.
11. That old beggar is one of the richest men in Europe.
12. I think you might have told me.
13. I can understand your kissing a pretty model.
14. I couldn't make out why he was so interested to know all about you.
15. Have another cigarette.
16. I suppose he has come for an apology.

The Happy Prince

Le Prince Heureux

High above [1] the city, on a tall column, stood the statue [2] of the Happy Prince. He was gilded [3] all over with thin leaves of fine gold, for eyes he had two bright sapphires, and a large red ruby glowed on his sword-hilt.

He was very much admired indeed. "He is as beautiful as a weathercock [4]", remarked one of the Town Councillors who wished to gain a reputation for having artistic tastes; "only not quite so useful", he added, fearing lest people should think [5] him unpractical, which he really was not.

"Why can't you be like the Happy Prince?" asked a sensible [6] mother of her little boy who was crying for the moon. "The Happy Prince never dreams of crying for anything."

"I am glad there is some one in the world who is quite happy", muttered a disappointed man [7] as he gazed at the wonderful statue.

"He looks just like an angel", said the Charity Children as they came out of the cathedral in their bright scarlet cloaks and their clean white pinafores.

"How do you know ?" said the Mathematical Master, "you have never seen one."

"Ah! but we have [8], in our dreams", answered the children; and the Mathematical Master frowned and looked very severe, for he did not approve of [9] children dreaming.

One night there flew over the city a little Swallow. His friends had gone away to Egypt six weeks before, but he had stayed behind, for he was in love with the most beautiful Reed [10].

---

1. **high above** : « *haut au-dessus* » ; **high** est ici un adverbe.
2. **stood the statue** : inversion (sans **did**). Ce type d'inversion est courant dans une description ou une narration, lorsque la phrase commence par un complément de lieu : **high above the city**.
3. **gilded** : ['gɪldɪd]. On trouve également l'adjectif **gilt**, en particulier dans les adjectifs composés **gilt-edged book**, *livre doré sur tranche*.
4. **weathercock** : weather vane : *girouette*.
5. △ **lest people should think** : **lest**, *de peur que*, comme **for fear that**, se construit avec le subjonctif. Ce subjonctif est formé avec **should** à toutes les personnes, ou bien il a la même forme que l'infinitif à toutes les personnes (pas de **s** à la troisième personne du singulier) : **lest he should think/lest he think**.
6. ▲ **sensible** : *raisonnable, plein de bon sens*. Le français *sen-*

118

Dominant la ville, au sommet d'une haute colonne, s'élevait la statue du Prince Heureux. Elle était entièrement recouverte de minces feuilles d'or fin, les yeux du Prince étaient faits de deux saphirs chatoyants, et un gros rubis rouge brillait à la garde de son épée.

On l'admirait vraiment beaucoup. « Il est aussi beau qu'un coq de clocher », faisait observer l'un des Conseillers Municipaux, qui souhaitait se faire une réputation d'homme de goût, en matière d'art ; « mais il n'a pas tout à fait la même utilité », ajoutait-il, craignant qu'on ne le jugeât dénué de sens pratique, ce qui n'était pas le cas.

« Pourquoi ne peux-tu pas être comme le Prince Heureux ? » dit une mère pleine de bon sens à son petit garçon qui pleurait pour qu'on lui donne la lune. « Le Prince Heureux, lui, ne songe jamais à pleurer pour qu'on lui donne quelque chose. »

« Je suis ravi de voir qu'il y a dans ce monde quelqu'un de parfaitement heureux », marmonna un homme désenchanté, en contemplant la merveilleuse statue.

« On dirait vraiment un ange », dirent les Enfants de l'Orphelinat en sortant de la cathédrale, avec leur cape écarlate et leur tablier blanc bien propre.

« Qu'en savez-vous ? dit le Maître de Mathématiques, vous n'en avez jamais vu. »

« Oh si, dans nos rêves », répondirent les enfants, et le Maître de Mathématiques, fronçant les sourcils, prit un air très sévère, car il lui déplaisait que les enfants rêvent.

Un soir, un jeune Martinet survola la ville. Ses amis étaient partis pour l'Egypte, six semaines auparavant, mais il était resté, lui, car il était amoureux de la plus jolie des Campanules.

---

sible aura pour équivalent, selon le cas, **sensitive** ou **perceptible/noticeable**.

7. **muttered a disappointed man :** autre exemple d'inversion (sans **did**) qui se produit avec les verbes déclaratifs en particulier lorsque le sujet est développé **(a disappointed man)**. Lorsque le sujet est un pronom il se place devant le verbe : « ... » he **muttered**.

8. △ **but we have :** reprend **you have never...** Cette reprise affirmative d'une phrase négative exprime une contradiction forte.

9. △ **approve of** (+ **ing**) : *avoir bonne opinion de, être partisan de*. Mais **to approve a decision**, *ratifier une décision*.

10. **swallow... reed : swallow**, *hirondelle*, a été traduit par *martinet* ; **reed**, *roseau*, a été traduit par *campanule*. Il est préférable, en français, d'avoir un masculin et un féminin pour constituer ce couple d'amoureux.

He had met her early in the spring as he was flying down the river after a big yellow moth, and had been so attracted by her slender waist that he had stopped to talk to her.

"Shall I love you [1]?" said the Swallow, who liked to come [2] to the point at once, and the Reed made him a low bow [3]. So he flew round and round her, touching the water with his wings, and making silver ripples [4]. This was his courtship [5], and it lasted all through the summer.

"It is a ridiculous attachment", twittered the other Swallows; "she has no money, and far too many relations [6]"; and indeed the river was quite full of Reeds. Then, when the autumn came they all flew away.

After they had gone he felt lonely, and began to tire of his lady-love. "She has no conversation", he said, "and I am afraid that she is a coquette, for she is always flirting [7] with the wind." And certainly, whenever the wind blew, the Reed made the most graceful curtseys [8]. "I admit that she is domestic [9]", he continued, "but I love travelling, and my wife, consequently, should love travelling also."

"Will you come [10] away with me?" he said finally to her, but the Reed shook her head, she was so attached to her home [11].

"You have been trifling [12] with me", he cried. "I am off to the Pyramids. Good-bye!" and he flew away.

All day long he flew, and at night-time he arrived at the city.

---

1. **shall I love you** : employé avec la forme interrogative à la première personne, **shall** permet d'exprimer une offre, une suggestion, une demande d'instruction ou de conseil ; d'où la traduction par *si*, exprimant la suggestion en français : *si on allait au cinéma ?*
2. △ **liked to come** : **like to** peut avoir le sens de *trouver bon que/de, avoir pour bonne habitude de :* I like to go to the dentist **twice a year**, *je trouve qu'il est bon d'aller chez le dentiste deux fois par an* (et c'est ce que je fais). D'où la traduction *jugeait toujours bon.*
3. **bow** : [bau], *salut*. Ne pas confondre avec **bow** [bɔu], *arc, archet*. A low bow, m. à m., *un salut bas.*
4. **making silver ripples** : « *faisant des rides d'argent.* »
5. **courtship** : dérivé de to court, *faire la cour*. On peut dire aussi to pay court to a woman.
6. ▲ **relations** : *parents* au sens large. Parents signifie *père et*

Il l'avait rencontrée au début du printemps, en descendant le fleuve à la poursuite d'une grosse phalène jaune, et il avait été tellement séduit par la sveltesse de sa taille qu'il s'était arrêté pour lui parler.

« Si tu étais ma bien-aimée ? » dit le Martinet qui jugeait toujours bon d'en venir immédiatement au fait, et la Campanule s'inclina en un profond salut. Il se mit donc à voltiger sans fin autour d'elle, effleurant de ses ailes la surface de l'eau, sur laquelle il faisait frémir des rides d'argent. C'était ainsi qu'il faisait sa cour, et cela dura tout l'été.

« C'est un sentiment ridicule, gazouillaient les autres Martinets ; elle n'a pas d'argent, et trop de famille. » Et il est vrai qu'il y avait foule de Campanules le long du fleuve. Puis, quand vint l'automne, ils s'en allèrent tous.

Il se sentit bien seul, après leur départ et il commença à se lasser de la dame de ses pensées. « Elle n'a aucune conversation, dit-il, et je crois bien que c'est une coquette, car elle ne cesse de se laisser conter fleurette par le vent. » Et, c'est certain, lorsque le vent soufflait, la Campanule faisait les plus gracieuses révérences. « Elle n'est à l'aise que chez elle, je le reconnais, poursuivit-il, mais j'aime les voyages, et par conséquent, ma femme aussi devrait aimer voyager. »

« Veux-tu partir avec moi ? » lui demanda-t-il enfin ; mais la Campanule secoua la tête ; elle était trop attachée à son pays natal.

« Tu t'es jouée de moi, s'écria-t-il. Je m'en vais voir les Pyramides. Adieu ! » Et il partit.

Il vola tout le jour et, le soir venu, il arriva à la ville.

---

mère. Le français *relation* pourra se traduire par **acquaintance**. **She is an acquaintance of mine,** *c'est une de mes relations.*

7. △ **she is flirting :** l'emploi de **be always** + **-ing** indique à la fois la constance ou la fréquence, et la désapprobation ou le reproche.

8. **curtsey :** ['kɜːtsɪ], *révérence* (faite par une femme en pliant le genou). **To drop a curtsy** (ou **curtsey**), *faire une révérence.*

9. ▲ **domestic :** fond of home life.

10. △ **will you come : will** n'est pas ici simple auxiliaire du futur ; il a gardé le sens de *vouloir.*

11. **home :** peut être interprété dans un sens large : *pays natal, pays,* s'opposant à **abroad,** *l'étranger.*

12. **trifling : to trifle** ['traɪfl], **to toy with sbd,** *se jouer de qqun.* **No trifling with love,** *on ne badine pas avec l'amour.* **A trifle,** *une bagatelle, un rien.*

"Where shall I put up?" he said; I hope the town has made preparations.

Then he saw the statue on the tall column.

"I will put up [1] there", he cried; "it is a fine position, with plenty of fresh [2] air." So he alighted [3] just between the feet of the Happy Prince.

"I have a golden bedroom", he said softly to himself as he looked round, and he prepared to go to sleep; but just as he was putting his head under his wing a large drop of water fell on him [4]. "What a curious thing!" he cried; "there is not a single cloud in the sky, the stars are quite clear and bright [5], and yet it is raining. The climate [6] in the north of Europe [7] is really dreadful. The Reed used to like the rain, but that was merely her selfishness."

Then another drop fell.

"What is the use of a statue if it cannot keep the rain off?" he said; "I must look for a good chimney-pot", and he determined [8] to fly away [9].

But before he had opened his wings, a third drop fell, and he looked up, and saw – Ah! what did he see?

The eyes of the Happy Prince were filled with tears, and tears were running down his golden cheeks. His face was so beautiful in the moonlight that the little Swallow was filled with pity.

"Who are you?" he said.

"I am the Happy Prince."

"Why are you weeping then?" asked the Swallow; "you have quite drenched [10] me."

---

1. **I will put up :** réponse à la question **where shall I put up ?** Notez que **shall** ne subsiste que comme auxiliaire de la première personne à la forme interrogative. **I will** correspond à l'annonce de la décision que l'on prend au moment où on parle, et peut donc être l'équivalent d'un futur proche (je vais). **I'm going to** exprimerait une idée de préméditation (l'intention ou la décision sont antérieures au moment où l'on parle).

△ **put up :** ici *loger* ; **to put up at the Ritz**, *descendre au Ritz* ; I offered to put him up, *j'ai proposé de l'héberger.*

2. ▲ **fresh :** in the fresh air, *au grand air*. **Fresh water**, *eau douce*. This put fresh courage into me, *cela m'a redonné du courage* ; to break fresh ground, *faire œuvre de pionnier.*

3. **alight :** pour un oiseau **to alight on**, *se poser sur.* Pour une personne **to alight**, *mettre pied à terre* ; **to alight from**, *descendre de.*

4. **a large drop of water fell on him :** « *une grosse goutte d'eau tomba sur lui.* »

122

« Où vais-je me loger ? dit-il. J'espère que la ville a prévu quelque chose. »

Puis il vit la statue sur la haute colonne.

« Je m'en vais loger là, s'exclama-t-il, c'est un endroit parfait, au grand air. » Et il vint se percher juste entre les pieds du Prince Heureux.

« J'ai une chambre dorée », se dit-il doucement, en regardant autour de lui, et il se prépara à y passer la nuit ; mais juste au moment où il se mettait la tête sous l'aile il reçut une grosse goutte d'eau. « Que c'est curieux, s'écria-t-il, il n'y a pas de nuages dans le ciel, les étoiles brillent de tout leur éclat, et pourtant, il pleut. Le climat du nord de l'Europe est vraiment horrible. La Campanule aimait la pluie, mais ce n'était que pur égoïsme. »

Puis il reçut une autre goutte.

« A quoi sert une statue si on ne peut s'y abriter de la pluie ? dit-il ; il faut que je me trouve une bonne cheminée », et il décida de s'en aller.

Mais il n'avait pas encore déployé ses ailes qu'il reçut une troisième goutte et que, levant les yeux, il vit — Ah ! que vit-il ?

Les yeux du Prince Heureux étaient pleins de larmes, des larmes roulaient sur l'or de ses joues. Son visage était si beau, au clair de lune, que le petit Martinet fut saisi de pitié.

« Qui es-tu ? » demanda-t-il.

« Je suis le Prince Heureux. »

« Alors pourquoi pleures-tu ? demanda le Martinet ; tu m'as complètement trempé. »

---

5. **quite clear and bright :** « *tout à fait claires et brillantes.* »
6. **climate :** ['klaɪmɪt] ; **the climate in the North of Europe,** *le climat du nord de l'Europe.*
7. **Europe :** ['juərəp].
8. **he determined :** [dɪ'tɜ:mɪnd], *he decided.*
9. ⚠ **to fly away :** « *partir en volant.* » Le verbe, dans les « verbes à particule », n'a pas besoin d'être traduit littéralement lorsqu'il indique la manière dont l'action se fait normalement. Le martinet vole, donc **he determined to fly away,** *il décida de s'en aller.*
10. **drenched : to drench,** *mouiller, tremper.* **To get drenched to the skin,** *se faire tremper jusqu'aux os* ; **sun-drenched,** *inondé de soleil* ; **to get a drenching,** *se faire tremper* ; **drenching rain,** *pluie battante.*

"When I was alive and had a human heart", answered the statue, "I did not know what tears were [1], for I lived in the Palace of Sans-Souci, where sorrow is not allowed to enter. In the daytime I played with my companions in the garden, and in the evening I led the dance in the Great Hall [2]. Round the garden ran a very lofty wall, but I never cared to ask what lay beyond it, everything about me was so beautiful. My courtiers [3] called me the Happy Prince, and happy indeed I was, if pleasure be [4] happiness. So [5] I lived, and so I died. And now that I am dead they have set me up here so high that I can see all the ugliness and all the misery [6] of my city, and though my heart is made of lead [7] yet I cannot choose but weep [8]."

"What! is he not solid gold [9]?" said the Swallow to himself. He was too polite to make any personal remarks out loud.

"Far away", continued the statue in a low musical voice, "far away in a little street there is a poor house. One of the windows is open, and through it I can see a woman seated at a table. Her face is thin and worn, and she has coarse [10], red hands, all pricked by the needle, for she is a seamstress [11]. She is embroidering passion-flowers on a satin gown for the loveliest of the Queen's maids-of-honour to wear [12] at the next Court-ball. In a bed in the corner of the room her little boy is lying ill. He has a fever, and is asking for oranges. His mother has nothing to give him but river water, so he is crying. Swallow, Swallow, little Swallow, will you not bring her the ruby out of my sword-hilt? My feet are fastened [13] to this pedestal [14] and I cannot move."

---

1. △ **I did not know what tears were :** alors que l'inversion est normale en français *(ce qu'étaient les larmes)*, elle est impossible en anglais.

2. **Great Hall :** « *grande salle.* »

3. **courtiers :** [ˈkɔːtɪəz].

4. △ **if pleasure be : be** est un subjonctif (même forme que l'infinitif à toutes les personnes). Son emploi après **if** *(à supposer que)* est plutôt caractéristique de la langue littéraire.

5. **so :** peut être interprété ici comme une reprise de **happy** : happy I lived, and happy I died.

6. **misery :** [ˈmɪzərɪ], ici *misère*. Signifie également *souffrance* ; **it is necessary to put him out of his misery,** *il est nécessaire de mettre un terme à ses souffrances.*

7. △ **lead :** [led].

« Lorsque j'étais vivant et que j'avais un cœur d'homme, répondit la statue, je ne savais pas ce qu'étaient les larmes, car j'habitais le Palais de Sans Souci où le chagrin n'avait pas le droit d'entrer. Dans la journée je jouais dans le jardin avec mes compagnons, et le soir je conduisais le bal dans la Salle des Fêtes. Un mur très élevé clôturait le jardin, mais je ne me suis jamais soucié de demander ce qu'il y avait au-delà de ce mur : tout était si beau, autour de moi. Mes courtisans m'appelaient le Prince Heureux, et heureux, oui, je l'étais si le plaisir peut s'appeler bonheur. Heureux je vécus ; heureux je mourus. Et maintenant que je suis mort, on m'a placé ici, si haut que je puis voir toute la laideur et toute la misère de ma ville ; aussi, bien que mon cœur soit fait de plomb, je n'ai pas d'autre choix que pleurer. »

Quoi ! Le prince n'est-il pas en or massif ? se demanda le Martinet. Il était trop poli pour se permettre de faire à haute voix des remarques d'ordre personnel.

« Là-bas », poursuivit le prince d'une voix douce et musicale, « tout là-bas, dans une petite rue, il existe une pauvre maison. L'une des fenêtres est ouverte et par cette fenêtre je vois une femme assise à une table. Elle a le visage amaigri et las, des mains abîmées et rouges, pleines de piqûres d'aiguille, car elle est couturière. Elle brode des fleurs de la passion sur une robe de satin que la plus jolie des demoiselles d'honneur de la Reine portera au prochain bal de la Cour. Dans un coin de la pièce, son petit garçon est couché : il est malade. Il a de la fièvre et réclame des oranges. Sa mère n'a rien d'autre à lui donner que de l'eau de rivière , alors il pleure. Martinet, Martinet, petit Martinet, ne veux-tu pas lui porter ce rubis qui est à la garde de mon épée ? J'ai les pieds fixés à ce piédestal et je ne puis bouger. »

---

8. **I cannot choose but weep :** I cannot but, *je ne peux que.*
9. **▲ solid gold :** *or massif.* **The sea was frozen solid,** *la mer était totalement prise par les glaces* ; **I read for two solid hours,** *j'ai lu pendant deux bonnes heures sans discontinuer.*
10. **coarse :** [kɔːs] ≠ **fine :** *rude, grossier, vulgaire.* **Coarse language,** *langage cru* ; **coarse red wine,** *gros rouge.*
11. **⚠ seamstress :** ['semstrıs], dérivé de **seam** [siːm], *couture.* **To come apart at the seams,** *se déchirer aux coutures.*
12. **⚠ for the loveliest... to wear :** proposition infinitive complète ; **for** introduit le sujet **(loveliest of the maids-of-honour)** du verbe à l'infinitif complet **(to wear).** La proposition infinitive complète n'étant pas admise en français on pourra traduire par une relative.
13. **fastened :** ['faːsnd].
14. **pedestal :** ['pedıstl].

"I am waited for [1] in Egypt [2]", said the Swallow. "My friends are flying up and down the Nile [3], and talking to the large lotus-flowers. Soon [4] they will go to sleep in the tomb [5] of the great King. The King is there himself in his painted coffin. He is wrapped in yellow linen [6], and embalmed with spices. Round his neck is a chain of pale green jade, and his hands are like withered leaves."

"Swallow, Swallow, little Swallow", said the Prince, "will you not stay with me for one night, and be my messenger? The boy is so thirsty, and the mother so sad."

"I don't think I like boys", answered the Swallow. "Last summer, when I was staying on the river, there were two rude boys [7], the miller's sons, who were always throwing [8] stones at me. They never hit me, of course; we swallows fly [9] far too well for that, and besides [10], I come of a family famous for its agility: but still, it was a mark of disrespect [11]."

But the Happy Prince looked so sad that the little Swallow was sorry. "It is very cold here", he said; "but I will stay with you for one night, and be your messenger."

"Thank you, little Swallow", said the Prince.

So the Swallow picked out the great ruby from the Prince's sword, and flew away with it in his beak over the roofs of the town [12].

He passed by the cathedral tower, where the white marble angels were sculptured [13]. He passed by the palace and heard the sound of dancing. A beautiful girl came out on the balcony with her lover.

---

1 **I'm waited for :** ce passif correspond à un impersonnel en français (on), lorsqu'il n'est pas utile de préciser quel est le sujet du verbe actif (qui attend ?).

2. **Egypt :** ['i:dʒıpt].

3. **Nile :** [naıl].

4. **soon :** dans un style moins soutenu **soon** se place en position « moyenne » (entre le sujet et le verbe, ou après le premier auxiliaire) . **they will soon go to sleep.**

5. **tomb :** [tu:m] = **grave,** *tombe :* signifie également *monument funéraire.*

6. **linen :** ['lının], *toile de lin, linge.* Le *lin* (plante) se dit **flax**.

7 **two rude boys :** « *deux garçons impolis.* » **Rude :** *grossier, indécent. Would it be rude to ask you... ? serait-il indiscret de vous demander... ?* Signifie également *rudimentaire* (**something that is very simply and roughly made or built**).

126

« On m'attend en Egypte, dit le Martinet. Mes amis remontent et descendent le Nil, et parlent aux grandes fleurs de lotus. Bientôt ils iront dormir dans le tombeau du grand Roi. Le Roi lui-même est là dans son cercueil peint. Il est enveloppé de lin jaune, et son corps est embaumé d'épices. Il porte autour du cou une chaîne de jade vert pâle, et ses mains sont comme des feuilles sèches. »

« Martinet, Martinet, petit Martinet, ne veux-tu pas rester avec moi une nuit, et me servir de messager ? Ce garçon a tellement soif, et sa mère est si triste. »

« Je crois que je n'ai aucune affection pour les garçons, répondit le Martinet. L'été dernier, quand je demeurais près du fleuve, il y avait deux petits mal-élevés, les fils du meunier, qui n'arrêtaient pas de me lancer des pierres. Ils ne m'ont jamais atteint, bien sûr ; nous autres Martinets nous volons bien trop vite pour ça ; et, de plus, je suis d'une famille réputée pour son agilité ; il n'empêche, c'était une marque d'irrespect. »

Mais le Prince Heureux avait l'air si triste que le petit Martinet en fut navré. « Il fait très froid ici, dit-il, mais je vais rester avec toi une nuit et je serai ton messager. »

« Merci, petit Martinet », dit le Prince.

Alors le Martinet prit dans son bec le gros rubis qui ornait l'épée du Prince et s'envola par-dessus les toits de la ville.

Il passa près de la tour de la cathédrale, où étaient sculptés des anges de marbre blanc. Il passa près du palais et entendit la musique du bal. Une jolie jeune fille sortit sur le balcon avec son soupirant.

---

8. **who were always throwing :** « *qui me lançaient toujours.* »
9. △ **we swallows fly :** pas de redoublement du pronom personnel en anglais.
10. △ **besides :** adv. = *de plus ; en outre ; d'ailleurs.* Ne pas confondre avec **beside**, préposition : voir ci-dessous **beside the thimble,** *à côté du dé à coudre.*
11. **disrespect :** ['dɪsrɪs'pekt].
12. **and flew away... town :** « *et s'envola avec lui dans son bec par-dessus les toits de la ville.* » L'anglais fait parfois la différence entre **beak** et **bill** *(bec)* : **beak**, bec fort (en particulier des oiseaux de proie) ; **bill**, bec fin, ou long, ou aplati, bec des pigeons, des palmipèdes. **Beak** signifie familièrement un fort nez *(pif)*.
13. △ **sculptured :** ['skʌlptʃəd], *sculpté* dans le marbre, la pierre. *Sculpté* dans le bois : **carved.**

"How wonderful the stars are", he said to her, "and how wonderful is the power of love [1]!"

"I hope my dress will be ready in time for the State-ball [2]", she answered; "I have ordered passion-flowers to be embroidered on it; but the seamstresses are so lazy."

He passed over the river, and saw the lanterns hanging to the masts of the ships. He passed over the Ghetto, and saw the old Jews bargaining [3] with each other, and weighing out money in copper scales. At last he came to the poor house and looked in. The boy was tossing feverishly [4] on his bed, and the mother had fallen asleep, she was so tired. In he hopped [5], and laid the great ruby on the table beside the woman's thimble. Then he flew gently round the bed, fanning the boy's forehead with his wings. "How cool [6] I feel !" said the boy, "I must be getting better;" and he sank into a delicious slumber [7].

Then the Swallow flew back to the Happy Prince, and told him what he had done. "It is curious", he remarked, "but I feel quite warm [8] now, although it is so cold."

"That is because you have done a good action", said the Prince. And the little Swallow began to think, and then he fell asleep. Thinking always made him sleepy.

When day broke he flew down to the river and had a bath. "What a remarkable phenomenon [9]!" said the Professor of Ornithology as he was passing over the bridge. "A swallow in winter!" And he wrote a long letter about it to the local newspaper. Every one quoted it, it was full of so many words that they could [10] not understand.

---

1. ⚠ **how wonderful the stars... the power of love :** ces deux phrases montrent le fonctionnement de **how** exclamatif + adj. Dans la première il n'y a pas d'inversion **(the stars are)**, mais il y en a une dans la seconde **(is the power...)** due à la longueur du sujet, et au désir de mettre en relief le terme sujet, pour lui donner une certaine force affective.

2. **state-ball :** « bal d'État. »

3. **bargaining :** [bɑːgınıŋ]. **To bargain with sbd**, marchander avec qqun. Il n'est pas nécessaire de traduire **with each other** (les uns avec les autres) car l'idée de réciprocité est parfaitement claire dans ce contexte.

4. **feverishly :** ['fiːvərıʃlı].

5. **in he hopped :** mettre l'adv. en tête (au lieu de **he hopped in**), donne plus de vivacité à l'expression. **Off you go!**, sauve-toi ! file !

6. **cool :** exprime une idée de fraîcheur agréable.

« Comme les étoiles sont merveilleuses, lui dit-il, et qu'il est merveilleux, le pouvoir de l'amour ! »

« J'espère que ma robe sera prête à temps pour le bal officiel, répondit-elle ; j'ai ordonné qu'on y brode des fleurs de la passion, mais les couturières sont si paresseuses. »

Le Martinet survola le fleuve et vit les fanaux suspendus aux mâts des navires. Il survola le ghetto et vit les vieux juifs qui s'affairaient à leurs marchandages et pesaient l'argent dans des balances de cuivre. Il arriva enfin à la porte de la pauvre maison et jeta un coup d'œil à l'intérieur. L'enfant s'agitait fiévreusement dans son lit ; la mère s'était endormie, car elle était très fatiguée. Il sauta dans la chambre et posa le gros rubis sur la table à côté du dé de la couturière. Puis il voleta légèrement autour du lit, éventant de ses ailes le front de l'enfant. « Quelle fraîcheur agréable, dit celui-ci ; c'est certainement que je vais mieux » ; et il sombra dans une torpeur délicieuse.

Alors le Martinet retourna auprès du Prince Heureux et lui dit ce qu'il avait fait. « C'est curieux, remarqua-t-il, mais j'ai l'impression d'avoir bien chaud, alors qu'il fait si froid. »

« C'est parce que tu as fait une bonne action », dit le Prince. Le petit Martinet se mit à réfléchir, puis il s'endormit. Réfléchir lui donnait toujours envie de dormir.

Au point du jour il alla se baigner dans le fleuve. « Voilà un phénomène remarquable ! » dit le Professeur d'Ornithologie en passant sur le pont. « Un martinet en hiver ! » Et il écrivit au journal local une longue lettre à ce sujet. Chacun cita cette lettre ; elle était pleine de mots que personne ne comprenait.

---

7. **slumber :** terme plus recherché que **sleep**, en particulier associé à un adj. (**delicious, troubled, heavy**...) comme c'est le cas ici. On peut également employer **slumbers** : *his slumbers were interrupted by a knock,* un coup frappé à la porte interrompit son sommeil. **To slumber,** dormir paisiblement. **Slumber-wear,** vêtement/lingerie de nuit.

8. **warm :** exprime une idée de chaleur agréable et confortable (à la différence de **hot**).

9. **phenomenon :** [fi'nɒmɪnən], au pluriel, **phenomena**.

10. △ **every one quoted... they could... :** **every one** (ou **everybody**) est repris par un pronom personnel pluriel. De même avec un adj. poss. : **everybody went out to stretch their legs,** *tout le monde sortit pour se dégourdir les jambes.* Mais **everyone** (ou **everybody**) se construit avec un verbe singulier : **everybody is ready,** *tout le monde est prêt.*

"Tonight I go to Egypt", said the Swallow, and he was in high spirits at the prospect. He visited all the public monuments, and sat [1] a long time on top of the church steeple. Wherever he went the Sparrows chirruped [2], and said to each other, "What a distinguished stranger!" so he enjoyed himself very much.

When the moon rose he flew back to the Happy Prince. "Have you any commissions for Egypt?" he cried; "I am just starting."

"Swallow, Swallow, little Swallow", said the Prince, "will you not stay with me one night longer?"

"I am waited for in Egypt", answered the Swallow. "Tomorrow my friends will fly up to the Second Cataract [3]. The river-horse [4] couches [5] there among the bulrushes, and on a great granite throne sits the God Memnon [6]. All night long he watches the stars, and when the morning star shines he utters one cry of joy, and then he is silent. At noon the yellow lions come down to the water's edge to drink. They have eyes like green beryls [7], and their roar is louder than the roar of the cataract."

"Swallow, Swallow, little Swallow", said the Prince, "far away across the city I see a young man in a garret [8]. He is leaning over a desk covered with papers, and in a tumbler by his side there is a bunch of withered violets. His hair is brown and crisp, and his lips are red as a pomegranate [9], and he has large and dreamy eyes. He is trying to finish a play for the Director of the Theatre, but he is too cold to write any more. There is no fire in the grate, and hunger has made him faint [10]."

"I will wait with you one night longer", said the Swallow, who really had a good heart, "Shall I take him another ruby?"

---

1. **sat : to sit** s'emploie en parlant d'un oiseau : *se percher/être perché*.
2. **chirruped :** ['tʃɪrəpt] ; l'accent étant sur la première syllabe, il n'y a pas de redoublement du **p** (même chose au part. pr. **chirruping**). Comparez par ex. avec **to hop, hopped, hopping**. **Chirp** est une variante courante de **chirrup**.
3. **second cataract :** le Nil traverse le lac Kioga entre deux séries de chutes. La cataracte la plus célèbre, dans les chutes de Murchison, a 45 mètres de haut.
4. **river-horse :** traduction du grec **hippos**, *cheval* et **potamos**, *fleuve*. C'est le Behemoth de la Bible (Job 40 : 15-24).
5. **couches : to couch** [kaʊtʃ], se dit d'un animal.

« Ce soir je vais en Egypte », dit le Martinet, et cette perspective l'enchantait. Il visita tous les monuments et resta longuement perché au sommet du clocher de l'église. Partout où il allait les Moineaux pépiaient et se disaient : « Voilà un étranger bien distingué ! » Il passa donc une excellente journée.

Quand la lune se leva, il retourna auprès du Prince. « As-tu une mission pour moi en Egypte ? s'écria-t-il ; je pars à l'instant. »

« Martinet, Martinet, petit Martinet, dit le Prince, ne veux-tu pas rester avec moi une nuit encore ? »

« On m'attend en Egypte, répondit le Martinet. Demain mes amis remonteront jusqu'à la Seconde Cataracte. Là, parmi les joncs, gîte le cheval-du-fleuve, et sur un grand trône de granit siège le dieu Memnon. Toute la nuit il observe les astres et quand brille l'étoile du matin il pousse un cri de joie, un seul, puis garde le silence. A midi les lions jaunes descendent boire au bord de l'eau. Ils ont des yeux comme des béryls verts et rugissent plus fort que les cataractes. »

« Martinet, Martinet, petit Martinet, dit le prince, là-bas de l'autre côté de la ville, je vois une jeune homme dans une mansarde. Il est penché sur un bureau couvert de papiers, et dans un verre à côté de lui il y a un bouquet de violettes fanées. Il a des cheveux bruns et bouclés, ses lèvres sont rouges comme une grenade, il a de grands yeux rêveurs. Il essaie de terminer une pièce pour le Directeur du Théâtre, mais il a trop froid pour pouvoir écrire encore. Il n'y a pas de feu dans l'âtre, et il défaille parce qu'il a faim. »

« Je resterai avec toi une nuit de plus », dit le Martinet, qui avait vraiment bon cœur. « Faut-il que je lui porte un autre rubis ? »

---

6. **Memnon :** Wilde nous rappelle la légende de Memnon, roi des Éthiopiens, fils d'Aurore, tué par Achille au siège de Troie. Ce sont les larmes d'Aurore qui pleure son fils chaque nuit qui forment la rosée. La statue de Memnon à Thèbes (l'un des colosses d'Aménophis III) produisait un son harmonieux sous l'effet du premier rayon du soleil, son unique que l'on interprétait comme un présage. Cette statue fut brisée par un tremblement de terre en 27 av. J.-C.

7. **beryls :** *béryls*, pierres précieuses dont les variétés les plus connues sont l'émeraude et l'aigue-marine.

8. **garret :** *mansarde*. On emploie aussi le mot **attic**, mais **garret** fait plus misérable.

9. **pomegranate :** ['pɒmə,grænɪt].

10. **made him faint :** il y a deux constructions possibles : **made him** + adj., « *l'ont rendu faible* », et **made him** + verbe, « *l'ont fait s'évanouir* ». C'est uniquement le contexte qui rend la première interprétation plus vraisemblable.

"Alas! I have no ruby now", said the Prince; "my eyes are all that I have left [1]. They are made of rare sapphires, which were brought out of India a thousand years ago. Pluck out one of them and take it to him. He will sell it to the jeweller [2], and buy firewood, and finish his play."

"Dear Prince", said the Swallow, "I cannot do that"; and he began to weep.

"Swallow, Swallow, little Swallow", said the Prince, "do as I command you."

So the Swallow plucked out the Prince's eye, and flew away to the student's garret. It was easy enough [3] to get in, as there was a hole in the roof. Through this he darted, and came into the room. The young man had his head buried [4] in his hands, so he did not hear the flutter of the bird's wings, and when he looked up he found the beautiful sapphire lying on the withered violets.

"I am beginning to be appreciated", he cried; "this is from some great admirer. Now I can finish my play", and he looked quite happy.

The next day the Swallow flew down to the harbour. He sat on the mast of a large vessel and watched the sailors hauling [5] big chests out of the hold [6] with ropes. "Heave a-hoy [7]!" they shouted as each chest came up. "I am going to Egypt!" cried the Swallow, but nobody minded [8], and when the moon rose he flew back to the Happy Prince.

"I am come to bid [9] you good-bye", he cried.

"Swallow, Swallow, little Swallow", said the Prince, "will you not stay with me one night longer [10]?"

---

1. △ **all that I have left** : transformation de l'expression I **have something left**, *il me reste quelque chose*. **There's nothing left**, *il ne reste rien*.

2. **jeweller** : ['dʒuːələ].

3. △ **it was easy enough** : **enough** suit un adv. ou un adj., mais il précède généralement le nom : he is rich enough ; he has enough money.

4. **buried:** ['berɪd], **to bury,** enterrer. Burial, enterrement.

5. **watched the sailors hauling :** les verbes de perception comme **watch, see, hear** ont deux constructions. I saw him throw a stone, *je l'ai vu lancer une pierre* ; l'action observée est accomplie. I saw him throwing stones, *je l'ai vu qui lançait des pierres* ; l'action observée est en cours, et a pu se prolonger. Au passif on dira he **was seen to throw a stone**, *on l'a vu lancer une pierre*, ou **he was seen throwing stones**, *on l'a vu qui lançait des pierres*. **Haul** [hɔːl], ici, *lever, hisser* (toujours avec l'idée d'un effort soutenu). Le subs-

132

« Hélas ! Je n'ai plus de rubis, dit le Prince, mes yeux sont tout ce qui me reste. Ils sont faits de saphirs rares, rapportés de l'Inde il y a mille ans. Arraches-en un et porte-le-lui. Il le vendra au joaillier pour acheter du bois et terminer sa pièce. »

« Cher Prince, dit le Martinet, cela m'est impossible. » Et il se mit à pleurer.

« Martinet, Martinet, petit Martinet, dit le Prince, fais ce que je t'ordonne. »

Alors le Martinet arracha l'œil du Prince, et s'envola vers la mansarde de l'étudiant. Il était assez facile d'y pénétrer car il y avait un trou dans le toit. Il s'y précipita comme une flèche et entra dans la chambre. Le jeune homme, la tête enfouie dans les mains, n'entendit pas le battement d'ailes, et lorsqu'il releva les yeux, il trouva le beau saphir posé sur les violettes fanées.

« On commence à m'apprécier, s'exclama-t-il. C'est quelque grand admirateur qui me l'envoie. Maintenant je peux terminer ma pièce. »

Le lendemain le Martinet se rendit au port. Il se posa sur le mât d'un grand vaisseau et observa les marins qui, à l'aide de cordages, sortaient de gros coffres des cales. « Ho, hisse ! » criaient-ils à chaque fois qu'un coffre remontait.

« Je m'en vais en Egypte », lançait le Martinet, mais personne n'y prêtait attention, et quand la lune se leva il retourna auprès du Prince.

« Je suis venu te faire mes adieux », s'écria-t-il.

« Martinet, Martinet, petit Martinet, dit le Prince, ne veux-tu pas rester avec moi une nuit encore ? »

---

tantif **haul** signifie *le butin* (d'un vol), *la prise* (d'un bateau de pêche).

6. **hold :** *cale*.

7. **heave a-hoy : ahoy** est une exclamation employée à bord des bateaux pour attirer l'attention.

8. **nobody minded : nobody paid attention.**

9. ⚠ **bid : bid (bade** [bæd]**, bidden)**, se rencontre dans les expressions comme **to bid sbd farewell**, *souhaiter bon voyage à qqun* ; **to bid sbd welcome**, *souhaiter la bienvenue à qqun*. Il signifie également *ordonner* : **do what I bid you,** *fais ce que je te dis*.

Bid (bid, bid), signifie *faire une enchère, annoncer* (au bridge).

10. ⚠ **one night longer :** la place de **longer** indique qu'il s'agit d'un adverbe : *une nuit de plus*. On pourrait également dire **one more night**.

"It is winter", answered the Swallow, "and the chill snow will soon be here. In Egypt the sun is warm on the green palm-trees, and the crocodiles lie in the mud and look lazily about them. My companions are building a nest in the Temple of Baalbec [1], and the pink and white doves [2] are watching them, and cooing to each other [3]. Dear Prince, I must leave you, but I will never forget you, and next spring I will bring you back two beautiful jewels in place of those you have given away. The ruby shall be redder than a red rose, and the sapphire shall be as blue as the great sea."

"In the square below", said the Happy Prince, "there stands a little match-girl. She has let her matches fall [4] in the gutter, and they are all spoiled. Her father will beat her if she does not bring home some money, and she is crying. She has no shoes or stockings, and her little head is bare [5]. Pluck out my other eye, and give it to her, and her father will not beat her."

"I will stay with you one night longer", said the Swallow, "but I cannot pluck out your eye. You would be quite blind then."

"Swallow, Swallow, little Swallow", said the Prince, "do as I command you."

So he plucked out the Prince's other eye, and darted [6] down with it. He swooped past [7] the match-girl, and slipped the jewel into the palm [8] of her hand. "What a lovely bit of glass!" cried the little girl; and she ran home, laughing [9].

Then the Swallow came back to the Prince. "You are blind now", he said, "so I will stay with you always [10]".

---

1. **Temple of Baalbec :** allusion aux ruines de l'ancienne Héliopolis.
2. **doves :** [dʌvz].
3. **cooing to each other :** « *roucoulement à l'adresse les unes des autres.* »
4. ∆ **she has let her matches fall :** construction du verbe **to let**. **let** + complément + infinitif sans **to**, *laisser* + infinitif. Ainsi employé **let** ne peut se mettre au passif.
5. **her little head is bare :** « *sa petite tête est nue.* »
6. **darted :** dart, *flèche, fléchette, trait*. To dart at sth, *s'élancer sur qqch.* He made a sudden dart at him, *il se précipita soudain sur lui.* To dart a glance, *décocher un regard* **(at)**.
7. **swooped past : past** est fréquemment associé à un verbe de

134

« C'est l'hiver, répondit le Martinet, et bientôt viendra la neige glaciale. En Egypte le soleil est chaud sur les palmiers verts, et les crocodiles allongés dans la boue regardent paresseusement autour d'eux. Mes compagnons construisent un nid dans le temple de Balbec, et les colombes roses et blanches les observent en roucoulant. Cher Prince, je dois te quitter maintenant, mais je ne t'oublierai jamais, et au printemps prochain, je te rapporterai deux splendides joyaux pour remplacer ceux que tu as donnés. Le rubis sera plus rouge qu'une rose rouge et le saphir plus bleu que la vaste mer. »

« En bas, sur la place, dit le Prince Heureux, il y a une petite marchande d'allumettes. Elle a laissé tomber ses allumettes dans le ruisseau, et elles sont toutes gâchées. Son père la battra si elle ne rapporte pas d'argent à la maison, alors elle pleure. Elle n'a ni souliers ni bas ; rien pour couvrir sa petite tête. Arrache-moi l'autre œil, et donne-le-lui ; ainsi son père ne la battra pas. »

« Je resterai avec toi une nuit encore, dit le Martinet, mais je ne peux pas t'arracher l'œil. Tu serais complètement aveugle. »

« Martinet, Martinet, petit Martinet, dit le Prince, fais ce que je t'ordonne. »

Alors il arracha l'autre œil du Prince, et s'élança comme une flèche. Il piqua sur la petite marchande d'allumettes et au passage lui glissa le joyau dans le creux de la main. « Quel joli bout de verre ! » s'exclama la petite fille ; et elle se précipita chez elle en riant.

Puis le Martinet revint auprès du Prince. « Te voilà aveugle maintenant, dit-il, alors je resterai toujours auprès de toi. »

---

mouvement : **he goes past the house every day,** *il passe devant la maison tous les jours* ; **he rushed past them,** *il passa devant eux à toute vitesse.*

En parlant d'un oiseau, d'un avion, **swoop** signifie *descendre en piqué,* et **swoop past,** *passer au ras.* En parlant de la police on dira par ex. **the police made a swoop on/swooped on the hotel,** *la police a fait une descente dans l'hôtel.*

In one fell swoop, *d'un seul coup.*

8. **palm :** [pa:m], ici, *paume.*

9. **she ran home, laughing :** cette construction qui indique que deux actions sont simultanées se traduit souvent par *en* + part. pr. **He ran out, shouting « fire! »,** *il se précipita dehors en criant « au feu ! ».*

10. **I will stay with you always :** normalement **always** serait placé après **will**. Son déplacement en fin de phrase lui donne une valeur emphatique.

"No, little Swallow", said the poor Prince, "you must go away to Egypt."

"I will stay with you always", said the Swallow, and he slept at the Prince's feet.

All the next day he sat on the Prince's shoulder [1], and told him stories of what he had seen in strange lands. He told him of the red ibises [2], who stand in long rows on the banks of the Nile, and catch goldfish [3] in their beaks; of the Sphinx, who is as old as the world itself, and lives in the desert, and knows everything; of the merchants, who walk slowly by the side of their camels and carry amber beads in their hands; of the King of the Mountains of the Moon, who is as black as ebony [4], and worships a large crystal [5]; of the great green snake that sleeps in a palm-tree, and has twenty priests to feed it with honey-cakes; and of the pygmies who sail over a big lake on large flat leaves, and are always at war with the butterflies.

"Dear little Swallow", said the Prince, "you tell me of marvellous things, but more marvellous than anything is the suffering of men and of women [6]. There is no Mystery so great as [7] Misery. Fly over my city, little Swallow, and tell me what you see there."

So the Swallow flew over the great city, and saw the rich making merry in their beautiful houses, while the beggars were sitting at the gates [8]. He flew into dark lanes, and saw the white faces of starving children looking out listlessly [9] at the black streets. Under the archway of a bridge two little boys were lying in one another's arms to try and keep themselves warm [10].

---

1. **shoulder** : ['ʃəʊldə].
2. **ibises** : ['aɪbɪsɪz].
3. △ **goldfish** : est invariable, comme un certain nombre de noms désignant des animaux (parmi les noms de poissons : **salmon, trout, mackerel, cod** (morue), **pike** (brochet), **plaice** (plie)...
4. **ebony** : ['ebənɪ].
5. **worships a large crystal** : le verbe **to worship** signifie adorer/avoir le culte de. **Worship** est également substantif : **freedom of worship**, liberté de culte.
6. **more marvellous than anything... women** : l'inversion (sujet après le verbe) est possible lorsque l'adjectif au comparatif, attribut du sujet **(more marvellous)**, est placé en tête de phrase.
7. **so great as** : dans une phrase négative **(there is no Mystery)** le comparatif d'égalité **as... as** peut être remplacé par **so... as**.
8. **the beggars were sitting at the gates** : **gates** est au pluriel parce

136

« Non, petit Martinet, dit le pauvre Prince, il faut que tu partes pour l'Egypte. »

« Je resterai toujours auprès de toi », dit le Martinet, et il dormit aux pieds du Prince.

Le lendemain, toute la journée, il demeura posé sur l'épaule du Prince et lui raconta ce qu'il avait vu dans des pays inconnus. Il lui parla des ibis rouges qui se tiennent en longues files sur les rives du Nil et attrapent des poissons rouges dans leur bec ; du Sphinx qui est aussi vieux que le monde lui-même, qui vit dans le désert, et qui sait tout ; des marchands qui vont à pas lents auprès de leurs chameaux, un collier d'ambre à la main : du Roi des Monts de la Lune, qui est noir comme l'ébène et dont le dieu est un gros cristal ; du grand serpent vert qui dort dans un palmier et dispose de vingt prêtres qui le nourrissent de gâteaux de miel ; et il parla des Pygmées qui naviguent sur un grand lac à bord de larges feuilles plates et sont constamment en guerre avec les papillons.

« Cher petit Martinet, dit le Prince, tu me parles de choses étonnantes, mais il en est une plus étonnante que tout, c'est la souffrance des hommes et des femmes. Il n'est pas de Mystère plus grand que la Misère. Survole ma ville, petit Martinet, et dis-moi ce que tu y vois. »

Alors le Martinet survola la grande ville et vit les riches qui faisaient la fête dans leurs belles demeures, tandis que les mendiants étaient assis au portail. Il s'engagea dans de sombres ruelles et vit le visage blême d'enfants affamés qui, de leurs yeux las, contemplaient les rues noires. Sous l'arche d'un pont deux petits garçons étaient couchés dans les bras l'un de l'autre pour se réchauffer.

---

que **houses** l'est également. Cette phrase est une allusion directe à une chanson populaire de l'époque élisabéthaine :

> A fine old gentleman
> Who had an old estate
> With a good old porter to relieve
> The old poor at his gate.

9. **listlessly : listless :** *indifférent ; indolent ; sans énergie.*

10. △ **to try and keep themselves warm :** cette coordination **(and)** entre deux verbes est assez fréquente avec **try, go, come.** Elle n'est toutefois possible qu'à l'infinitif, à l'impératif et au futur. On dira par ex. : **you must come and see us,** *il faut que vous veniez nous voir,* mais **he came to see us,** *il est venu nous voir.* De même on dirait **they tried to keep themselves warm.**

"How hungry we are!" they said. "You must not lie here [1]", shouted the watchman, and they wandered out into the rain [2].

Then he flew back and told the Prince what he had seen.

"I am covered with fine gold", said the Prince, "you must take it off, leaf by leaf, and give it to my poor [3]; the living always think that gold can make them happy [4]."

Leaf after leaf of the fine gold the Swallow picked off, till the Happy Prince looked [5] quite dull and grey. Leaf after leaf of the fine gold he brought to the poor, and the children's faces grew rosier, and they laughed and played games [6] in the street. "We have bread now!" they cried.

Then the snow came, and after the snow came the frost. The streets looked as if they were made of silver, they were so bright and glistening; long icicles [7] like crystal daggers hung down from the eaves [8] of the houses; everybody went about in furs, and the little boys wore scarlet caps and skated on the ice.

The poor little Swallow grew colder and colder, but he would not leave the Prince, he loved him too well. He picked up crumbs outside the baker's door when the baker was not looking [9], and tried to keep himself warm by flapping [10] his wings.

But at last he knew that he was going to die. He had just enough strength to fly up to the Prince's shoulder once more. "Good-bye, dear Prince!" he murmured, "will you let me kiss your hand?"

---

1. **you must not lie here :** « *vous ne devez pas vous coucher ici.* »
2. **wandered out into the rain : to wander** ['wɒndə], *errer* ; ne pas confondre avec **wonder** ['wʌndə], *se demander*.

   Into the rain et non in the rain ; **into** indique un changement de lieu, de milieu : les enfants quittent leur abri.

3. △ **my poor :** l'adjectif **poor** est substantif. C'est un pluriel comme le montre, dans la phrase suivante, cet autre adjectif substantivé, **the living : the living always think**. Ces adjectifs substantivés sont en général construits avec l'article **the**, et plus rarement avec un possessif.

4. **gold can make them happy :** « *l'or peut les rendre heureux.* »
5. **till the Happy Prince looked :** « *jusqu'à ce que le Prince Heureux paraisse.* » **Till**, comme **until** peut être utilisé pour exprimer une conséquence : **he laughed until he cried,** *il a ri aux larmes.*
6. **played games :** « *jouaient à des jeux.* »

138

« Que nous avons faim ! » disaient-ils. « Il est interdit de se coucher ici ! » hurla le veilleur, et ils s'en allèrent, errant sous la pluie.

Le Martinet revint auprès du Prince lui dire ce qu'il avait vu

« Je suis couvert d'or fin, dit le Prince. Il faut que tu le prennes, feuille par feuille, et que tu le donnes à mes pauvres. Les vivants croient toujours que l'or fait le bonheur. »

Feuille après feuille le Martinet enleva l'or fin, tant et si bien que le Prince Heureux apparut tout terne et tout gris. Feuille après feuille il porta l'or fin aux pauvres , les visages des enfants devinrent plus roses, et ils se mirent à jouer en riant dans les rues.

Puis vint la neige, et après la neige vint le gel. On aurait dit que les rues étaient faites d'argent tant elles brillaient et scintillaient ; des glaçons comme de longues dagues de cristal pendaient au rebord des toits ; les gens allaient, vêtus de fourrures, et les petits garçons coiffés de casquettes écarlates patinaient sur la glace.

Le pauvre petit Martinet avait de plus en plus froid, mais il ne voulait pas quitter le Prince car il avait trop d'affection pour lui. Il ramassait des miettes devant la porte du boulanger quand celui-ci avait le dos tourné, et battait des ailes pour essayer de se réchauffer.

Mais à la fin il sut qu'il allait mourir. Il lui restait juste assez de force pour aller une fois encore se poser sur l'épaule du Prince. « Adieu, cher Prince ! murmura-t-il, veux-tu me laisser te baiser la main ? »

---

7. **icicles :** ['aɪsɪkəlz], « *de longs glaçons comme des dagues* ».

8. **eaves :** toujours au pluriel [i:vz], *rebord du toit*. De l'image de l'eau qui s'égoutte d'un toit anglais on a tiré le verbe **to eavesdrop/ to eavesdrop on a conversation,** *écouter de façon indiscrète/ écouter aux portes.*

9. **outside the baker's door when the baker was not looking :** « *à l'extérieur de la porte du boulanger quand le boulanger ne regardait pas.* »

10. △ **by flapping : by** + **-ing** est généralement traduit par *en* + part. pr. et ne s'emploie que pour exprimer le moyen délibérément choisi pour obtenir un résultat. **They escaped by digging a hole under the wall,** *ils s'échappèrent en creusant un trou sous le mur.*

"I am glad that you are going to Egypt at last, little Swallow", said the Prince, "you have stayed too long here; but you must kiss me on the lips [1], for I love you."

"It is not to Egypt that I am going", said the Swallow. "I am going to the House of Death. Death is the brother of Sleep [2], is he not [3]?"

And he kissed the Happy Prince on the lips, and fell down dead at his feet.

At that moment a curious crack sounded inside the statue, as if something had broken [4]. The fact is that the leaden heart had snapped right in two. It certainly was a dreadfully hard frost.

Early the next morning the Mayor was walking in the square below in company with the Town Councillors. As they passed the column he looked up at the statue: "Dear me! how shabby [5] the Happy Prince looks!" he said.

"How shabby, indeed!" cried the Town Councillors, who always agreed with [6] the Mayor, and they went up to look at it.

"The ruby has fallen out of his sword, his eyes are gone, and he is golden no longer, said the Mayor; "in fact, he is little better [7] than a beggar!"

"Little better than a beggar", said the Town Councillors.

"And here is actually [8] a dead bird at his feet!" continued the Mayor. "We must really issue [9] a proclamation that birds are not to be allowed [10] to die here." And the Town Clerk made a note of the suggestion.

---

1. **you must kiss me on the lips :** « *il faut que tu me donnes un baiser sur les lèvres.* » Il n'y a rien là de scabreux ; c'était à l'époque une marque d'affection profonde (par ex. entre parents et enfants), alors que pour le Prince, baiser la main comme le demande le Martinet n'est qu'un signe de révérence et de respect.

2. **death is the brother of sleep : death** en anglais est masculin.

3. **is he not ? :** la clausule interrogative (**question tag**) se met généralement à la forme contractée.

4. **had broken :** noter la valeur pronominale (= *se briser*) du verbe. Même chose pour **snap** : ceci est très fréquent en anglais.

5. **shabby :** *usé, élimé* (vêtement) ; *pauvrement vêtu* ; *d'aspect misérable*. A **shabby behaviour,** *un comportement mesquin* ; **shabby-genteel,** *pauvre mais digne.*

6. △ **agreed with :** you agree with sbd, *vous êtes d'accord avec qqun* ; you agree with what they are doing, *vous êtes d'accord*

« Je suis content que tu partes enfin pour l'Egypte, petit Martinet, dit le Prince ; tu es resté trop longtemps ici ; mais il faut que tu me donnes un vrai baiser, car je t'aime. »

« Ce n'est pas pour l'Egypte que je pars, dit le Martinet. Je pars pour la Maison de la Mort. La Mort est sœur du Sommeil, n'est-ce pas ? »

Et il donna un baiser au Prince, puis tomba mort à ses pieds.

A cet instant un curieux craquement se produisit à l'intérieur de la statue, comme si quelque chose s'était brisé. Le fait est que son cœur de plomb s'était tout d'un coup cassé en deux. Il faisait, c'est certain, un froid terrible.

Le lendemain, aux premières heures de la matinée, le Maire se promenait sur la place, au pied de la statue, en compagnie des Conseillers Municipaux. En passant devant la colonne, il leva les yeux vers la statue : « Mon Dieu ! Comme le Prince Heureux a piètre mine ! » dit-il.

« Piètre mine, en effet ! » s'exclamèrent les Conseillers Municipaux, qui étaient toujours de l'avis du Maire ; et ils montèrent pour aller voir.

« Le rubis est tombé de l'épée, il n'a plus d'yeux, et il n'est plus doré, dit le Maire ; il n'est en fait guère mieux qu'un mendiant ! »

« Guère mieux qu'un mendiant », dirent les Conseillers Municipaux.

« Et voici même un oiseau mort à ses pieds ! poursuivit le Maire. Il nous faut vraiment publier une proclamation disant qu'il est interdit aux oiseaux de mourir ici. » Le Secrétaire de Mairie prit note de cette suggestion.

---

avec ce qu'ils font ; **we haven't agreed about/on the colour,** *on ne s'est pas mis d'accord sur la couleur* ; **they agreed to do it,** *ils acceptèrent de le faire* ; **are we agreed, gentlemen?,** *sommes-nous d'accord, messieurs ?*

7. ⚠ **little better** : **little** est quasi négatif **(= hardly)**, ne pas confondre avec **a little** : **he felt a little better,** *il se sentait un peu mieux.*

8. ▲ **actually** : *effectivement ; véritablement ; en fait.* **He actually beat her,** *il est même allé jusqu'à la battre.* C'est le sens qui est retenu ici.

Actuellement se dira **at the moment, at present.** *Actuel,* **present, current.** *A l'heure actuelle,* **at the present time.**

9. **issue** : [ˈɪʃuː].

10. **are not to be allowed** : « *ne doivent pas être autorisés.* »

So they pulled down the statue of the Happy Prince. "As he is no longer beautiful he is no longer useful", said the Art Professor at the University.

Then they melted[1] the statue in a furnace[2], and the Mayor held a meeting of the Corporation[3] to decide what was to be done[4] with the metal. "We must have another statue, of course", he said, "and it shall be[5] a statue of myself."

"Of myself", said each of the Town Councillors, and they quarrelled. When I last heard of them they were quarrelling still[6].

"What a strange thing!" said the overseer of the workmen at the foundry. "This broken lead heart will not melt in the furnace. We must throw it away." So they threw it on a dust-heap where the dead Swallow was also lying.

"Bring me the two most precious things in the city[7]", said God to one of His Angels; and the Angel brought Him the leaden heart and the dead bird.

"You have rightly chosen", said God, "for in my garden of Paradise this little bird shall sing for evermore, and in my city of gold the Happy Prince shall praise me."

---

1. **melted :** le verbe **melt** est régulier, mais il existe, à côté du participe passé **melted** un adjectif **molten** ['məʊltən], *fondu, en fusion.*

2. **furnace :** ['fɜːnɪs], *fourneau ; four ; chaudière ;* **blast furnace,** *haut fourneau.*

3. **corporation :** Town Council.

4. △ **what was to be done :** « *ce qui devait être fait.* » **To be to** exprime ici la notion de ce qui a été décidé ou voulu.

5. △ **it shall be : shall** suggère que le maire prend et impose une décision irrévocable. De même lorsque Dieu parle à la fin du conte et qu'il annonce les événements à venir, c'est **shall** qui est normalement employé : **shall sing... shall praise.**

6. **they were quarrelling still :** on dirait plus communément **they were still quarrelling.**

7. △ **the most precious things in the city :** noter la construction superlatif + **in** + nom de lieu.

Ils démolirent la statue du Prince Heureux. « Puisqu'il n'est plus beau, il n'est plus utile », dit le Professeur d'Art de l'Université.

Puis ils fondirent la statue dans un four, et le Maire réunit le Conseil pour décider de ce que l'on ferait du métal. « Il nous faut une autre statue, naturellement, dit-il, et ce sera une statue de moi. »

« De moi », dit chacun des Conseillers, et ils se prirent de querelle. La dernière fois que j'ai entendu parler d'eux, ils étaient encore en train de se quereller

« Quelle chose étrange ! dit le contremaître des ouvriers de la fonderie. Ce cœur de plomb brisé ne veut pas fondre dans le four. Il faut le jeter. » Ils le jetèrent donc sur un tas d'ordures où gisait déjà le Martinet mort.

« Apporte-moi les deux choses les plus précieuses de la ville », dit Dieu à l'un de Ses Anges ; et l'Ange Lui apporta le cœur de plomb ainsi que l'oiseau mort.

« Tu as fait un choix judicieux, dit Dieu, car en mon jardin de Paradis ce petit oiseau chantera à tout jamais, et dans ma cité d'or le Prince Heureux louera ma gloire. »

Révisions

Dans le conte que vous venez de lire vous avez rencontré l'équivalent des expressions françaises suivantes.

Vous en souvenez-vous ?

1. On l'admirait beaucoup.
2. Il aimait en venir immédiatement au fait.
3. Cela dura tout l'été.
4. J'adore voyager.
5. Il reçut une grosse goutte d'eau.
6. A quoi sert une statue ?
7. On m'a placé ici si haut que je peux voir toute la laideur de ma ville.
8. Je vois une femme assise à une table.
9. On m'attend en Egypte.
10. Ils n'arrêtaient pas de me lancer des pierres.
11. Que les étoiles sont merveilleuses !
12. Réfléchir lui donnait envie de dormir.
13. Au lever du jour il alla se baigner.
14. Toute la nuit il observe les étoiles.
15. Il essaie de finir une pièce, mais il a trop froid.
16. Il se percha sur le mât d'un grand vaisseau.
17. Elle a laissé tomber ses allumettes dans le caniveau.

1. He was much admired.
2. He liked to come to the point at once.
3. It lasted all through the summer.
4. I love travelling.
5. A large drop of water fell on him.
6. What is the use of a statue ?
7. They have set me up here so high that I can see all the ugliness of my city.
8. I can see a woman seated at a table.
9. I am waited for in Egypt.
10. They were always throwing stones at me.
11. How wonderful the stars are !
12. Thinking made him sleepy.
13. When day broke he had a bath.
14. All night long he watches the stars.
15. He is trying to finish a play, but he is too cold.
16. He sat on the mast of a large vessel.
17. She has let her matches fall in the gutter.

18. Il lui glissa le joyau dans le creux de la main.
19. Ils essayaient de se réchauffer.
20. Les vivants pensent que l'or peut faire le bonheur.
21. On aurait dit que les rues étaient faites d'argent.
22. Ils étaient toujours d'accord avec le maire.
23. Les oiseaux ne sont pas autorisés à mourir ici.
24. Apportez-moi les deux choses les plus précieuses de la ville.

18. He slipped the jewel into the palm of her hand.
19. They were trying to keep themselves warm.
20. The living think that gold can make them happy.
21. The streets looked as if they were made of silver.
22. They always agreed with the Mayor.
23. Birds are not allowed to die here.
24. Bring me the two most precious things in the city.

COMPRÉHENSION

- Vous trouverez dans les pages suivantes des extraits de ce volume suivis d'un certain nombre de questions, destinées à tester votre compréhension.
- Les réponses à ces questions apparaissent en bas de page.

→ Vous tirerez le meilleur profit de cette dernière partie de la façon suivante :

1) *Essayez de répondre* aux questions sans vous référer au texte écrit.
2) *Vérifiez votre compréhension* de l'extrait et des questions à l'aide du livre.
3) *Refaites* l'exercice jusqu'à ce que vous ne soyez plus tributaire du texte écrit.

THE CANTERVILLE GHOST

Extrait n° 1, p. 14-16

"I fear that the ghost exists", said Lord Canterville, smiling, "though it may have resisted the overtures of your enterprising impresarios. It has been well known for three centuries, since 1584 in fact, and always makes its appearance before the death of any member of our family."

"Well, so does the family doctor for that matter, Lord Canterville. But there is no such thing, sir, as a ghost, and I guess the laws of nature are not going to be suspended for the British aristocracy."

"You are certainly very natural in America", answered Lord Canterville, who did not quite understand Mr Otis's last observation, "and if you don't mind a ghost in the house, it is all right. Only you must remember I warned you."

A few weeks after this, the purchase was completed, and at the close of the season the Minister and his family went down to Canterville Chase. Mrs Otis, who, as Miss Lucretia R. Tappan, of West 53rd Street, had been a celebrated New York belle, was now a very handsome middle-aged woman, with fine eyes, and a superb profile. Many American ladies on leaving their native land adopt an appearance of chronic ill-health, under the impression that it is a form of European refinement, but Mrs Otis had never fallen into this error. She had a magnificent constitution, and a really wonderful amount of animal spirits. Indeed, in many respects, she was quite English, and was an excellent example of the fact that we have really everything in common with America nowadays, except, of course, language. Her eldest son, christened Washington by his parents in a moment of patriotism, which he never ceased to regret, was a fair-haired, rather good-looking young man, who had qualified himself for American diplomacy by leading the German at the Newport Casino for three successive seasons, and even in London was well known as an excellent dancer. Gardenias and the peerage were his only weaknesses.

- **Questions**
  1. *When did the ghost first appear?*
  2. *When does he make his appearance?*
  3. *Why does Mr Otis think the ghost can't exist?*
  4. *What does Lord Canterville suggest Mr Otis should remember?*
  5. *When did the Otises go down to Canterville?*
  6. *Who was Miss Lucretia R. Tappan?*
  7. *What can be said about Mrs Otis's appearance?*
  8. *Why do American ladies adopt an appearance of chronic ill-health?*
  9. *What is the only thing the English and the Americans do not have in common?*
  10. *How did Washington qualify for a diplomatic career?*

- **Corrigé**
  1. The ghost first appeared in 1584.
  2. He makes his appearance before the death of any member of the family.
  3. The ghost can't exist because the laws of nature can't be suspended for the British aristocracy.
  4. He must remember that Lord Canterville warned him.
  5. They went down at the close of the season.
  6. She was a celebrated New York belle who became Mrs Otis.
  7. She was a handsome woman, with fine eyes and a superb profile.
  8. They think it is a form of European refinement.
  9. It is language.
  10. He qualified by leading the German at the Newport Casino.

Suddenly Mrs Otis caught sight of a dull red stain on the floor just by the fireplace and, quite unconscious of what it really signified, said to Mrs Umney, "I am afraid something has been spilt there."

"Yes, madam", replied the old housekeeper in a low voice, "blood has been spilt on that spot."

"How horrid", cried Mrs Otis; "I don't at all care for blood-stains in a sitting-room. It must be removed at once."

The old woman smiled, and answered in the same low, mysterious voice, "It is the blood of Lady Eleanore de Canterville, who was murdered on that very spot by her own husband, Sir Simon de Canterville, in 1575. Sir Simon survived her nine years, and disappeared suddenly under very mysterious circumstances. His body has never been discovered, but his guilty spirit still haunts the Chase. The blood-stain has been much admired by tourists and others, and cannot be removed."

"That is all nonsense", cried Washington Otis; "Pinkerton's Champion Stain Remover and Paragon Detergent will clean it up in no time", and before the terrified housekeeper could interfere he had fallen upon his knees, and was rapidly scouring the floor with a small stick of what looked like a black cosmetic. In a few moments no trace of the blood-stain could be seen.

"I knew Pinkerton would do it", he exclaimed triumphantly, as he looked round at his admiring family; but no sooner had he said these words than a terrible flash of lightning lit up the sombre room, a fearful peal of thunder made them all start to their feet, and Mrs Umney fainted.

"What a monstrous climate!" said the American Minister calmly, as he lit a long cheroot. "I guess the old country is so overpopulated that they have not enough decent weather for everybody. I have always been of opinion that emigration is the only thing for England."

"My dear Hiram", cried Mrs Otis, "what can we do with a woman who faints?"

• Questions

1. What did Mrs Otis catch sight of?
2. Where was it exactly?
3. What had happened on that very spot?
4. When did it happen?
5. What happened to Sir Simon, then?
6. Where was his body discovered?
7. What did Washington decide to do?
8. What happened as soon as he had finished?
9. Why does the Minister think emigration is the only thing for England?
10. Who is Mrs Umney?

• Corrigé

1. She caught sight of a dull red stain on the floor.
2. It was just by the fireplace.
3. Lady Eleanore de Canterville was murdered by her husband.
4. It happened in 1575.
5. He disappeared under very mysterious circumstances.
6. His body was never discovered.
7. He decided to clean up the stain.
8. There was a terrible flash of lightning, then a fearful peal of thunder, and Mrs Umney fainted.
9. He thinks so because there is not enough decent weather for everybody.
10. Mrs Umney is the housekeeper.

The next morning when the Otis family met at breakfast, they discussed the ghost at some length. The United States Minister was naturally a little annoyed to find that his present had not been accepted. "I have no wish", he said, "to do the ghost any personal injury, and I must say that, considering the length of time he has been in the house, I don't think it is at all polite to throw pillows at him" – a very just remark, at which, I am sorry to say, the twins burst into shouts of laughter. "Upon the other hand", he continued, "if he really declines to use the Rising Sun Lubricator, we shall have to take his chains from him. It would be quite impossible to sleep, with such a noise going on outside the bedrooms."

For the rest of the week, however, they were undisturbed, the only thing that excited any attention being the continual renewal of the blood-stain on the library floor. This certainly was very strange, as the door was always locked at night by Mr Otis, and the windows kept closely barred. The chameleon-like colour, also, of the stain excited a good deal of comment. Some mornings it was a dull (almost Indian) red, then it would be vermilion, then a rich purple, and once when they came down for family prayers, according to the simple rites of the Free American Reformed Episcopalian Church, they found it a bright emerald-green. These kaleidoscopic changes naturally amused the party very much, and bets on the subject were freely made every evening. The only person who did not enter into the joke was little Virginia, who, for some unexplained reason, was always a good deal distressed at the sight of the blood-stain, and very nearly cried the morning it was emerald-green.

The second appearance of the ghost was on Sunday night. Shortly after they had gone to bed they were suddenly alarmed by a fearful crash in the hall.

• Questions

1. What did the Otises do at breakfast?
2. Why was Mr Otis a little annoyed?
3. What did Mr Otis think of the throwing of pillows at the ghost?
4. Why did he think no personal injury should be done to the ghost?
5. What did he suggest should be done if the ghost declined to use the Lubricator?
6. Why did he want to do so?
7. Why was the renewal of the stain a strange thing?
8. What was the party amused by?
9. What did they bet on?
10. What happened after they had gone to bed?

• Corrigé

1. They discussed the ghost at some length.
2. He was annoyed to find that his present had not been accepted.
3. He thought that it was not polite at all.
4. He thought so considering the length of time the ghost had been in the house.
5. He suggested his chains should be taken from him.
6. It would be quite impossible to sleep, with such a noise.
7. It was strange because the door was always locked at night and the windows were kept closely barred.
8. The party was amused by the changing colour of the stain.
9. They bet on the colour they would find the next morning.
10. They were alarmed by a fearful crash in the hall.

Never having seen a ghost before, he naturally was terribly frightened, and, after a second hasty glance at the awful phantom, he fled back to his room, tripping up in his long winding-sheet as he sped down the corridor, and finally dropping the rusty dagger into the Minister's jackboots, where it was found in the morning by the butler. Once in the privacy of his own apartment, he flung himself down on a small pallet-bed, and hid his face under the clothes. After a time, however, the brave old Canterville spirit asserted itself, and he determined to go and speak to the other ghost as soon as it was daylight. Accordingly, just as the dawn was touching the hills with silver, he returned towards the spot where he had first laid eyes on the grisly phantom, feeling that, after all, two ghosts were better than one, and that, by the aid of his new friend, he might safely grapple with the twins. On reaching the spot, however, a terrible sight met his gaze. Something had evidently happened to the spectre, for the light had entirely faded from its hollow eyes, the gleaming falchion had fallen from its hand, and it was leaning up against the wall in a strained and uncomfortable attitude. He rushed forward and seized it in his arms, when, to his horror, the head slipped off and rolled on the floor, the body assumed a recumbent posture, and he found himself clasping a white dimity bed-curtain, with a sweeping-brush, a kitchen cleaver, and a hollow turnip lying at his feet! Unable to understand this curious transformation, he clutched the placard with feverish haste, and there, in the grey morning light, he read these fearful words:

YE OTIS GHOSTE.
Ye Onlie True and Originale Spook.
Beware of Ye Imitations.
All others are Counterfeite.

The whole thing flashed across him. He had been tricked, foiled, and outwitted!

• Questions

1. *Why was he terribly frightened?*
2. *So, what did he do?*
3. *What happened to his dagger?*
4. *Who found it?*
5. *Once in his room, what decision did he take?*
6. *Why did he take this decision?*
7. *What was his real intention?*
8. *What did he find the other ghost was made of?*
9. *What was the implication of the placard?*
10. *What did he finally realize?*

• Corrigé

1. He was terribly frightened because he had never seen a ghost.
2. He fled back to his room.
3. He dropped his dagger into the Minister's jack-boots.
4. It was found by the butler.
5. He decided to go and speak to the other ghost.
6. He felt that, after all, two ghosts were better than one.
7. He intended to grapple safely with the twins.
8. The other ghost was made of a bed-curtain, a sweeping-brush, a kitchen cleaver and a hollow turnip.
9. The placard meant that he was not a true and original spook.
10. He realized that he had been tricked, foiled and out-witted.

"Stop!" cried Virginia, stamping her foot, "it is you who are rude, and horrid, and vulgar; and as for dishonesty, you know you stole the paints out of my box to try and furbish up that ridiculous blood-stain in the library. First you took all my reds, including the vermilion, and I couldn't do any more sunsets, then you took the emerald-green and the chrome-yellow, and finally I had nothing left but indigo and Chinese white, and could only do moonlight scenes, which are always depressing to look at, and not at all easy to paint. I never told on you, though I was very much annoyed, and it was most ridiculous, the whole thing; for who ever heard of emerald-green blood?"

"Well, really", said the Ghost, rather meekly, "what was I to do? It is a very difficult thing to get real blood nowadays, and, as your brother began it all with his Paragon Detergent, I certainly saw no reason why I should not have your paints. As for colour, that is always a matter of taste: the Cantervilles have blue blood, for instance, the very bluest in England; but I know you Americans don't care for things of this kind."

"You know nothing about it, and the best thing you can do is to emigrate and improve your mind. My father will be only too happy to give you a free passage, and though there is a heavy duty on spirits of every kind, there will be no difficulty about the Custom House, as the officers are all Democrats. Once in New York, you are sure to be a great success. I know lots of people there who would give a hundred thousand dollars to have a grandfather, and much more than that to have a family Ghost."

"I don't think I should like America."

"I suppose because we have no ruins and no curiosities", said Virginia satirically.

"No ruins! no curiosities!" answered the Ghost; "you have your navy and your manners."

"Good evening; I will go and ask papa to get the twins an extra week's holiday."

• Questions

1. *Why does Virginia say the ghost was dishonest?*
2. *Why had the ghost stolen the paints?*
3. *Why did Virginia miss the red paints?*
4. *Why doesn't she like moonlight scenes?*
5. *What excuse does the ghost find for stealing the paints?*
6. *Why does the ghost say he did not mind the colours?*
7. *Why does Virginia suggest that he should emigrate?*
8. *Why would he be a great success in America?*
9. *What, according to the ghost, are the ruins and curiosities to be found in America?*
10. *What does Virginia threaten him with?*

• Corrigé

1. She knows that the ghost has stolen the paints out of her box.
2. He had stolen the paints to try and furbish the blood-stain in the library.
3. Without the red paints she couldn't paint any more sunsets.
4. She thinks moonlight scenes are depressing to look at, and not at all easy to paint.
5. His excuse is that it is very difficult to get real blood.
6. Colours, for him, are a matter of taste.
7. She thinks it would improve his mind.
8. Lots of people would give more than a hundred thousand dollars to have a family ghost.
9. The ruins are the American navy, and the curiosities the American manners.
10. She says she will ask her father to get the twins an extra week's holiday.

Four days after these curious incidents a funeral started from Canterville Chase at about eleven o'clock at night. The hearse was drawn by eight black horses, each of which carried on its head a great tuft of nodding ostrich-plumes, and the leaden coffin was covered by a rich purple pall, on which was embroidered in gold the Canterville coat-of-arms. By the side of the hearse and the coaches walked the servants with lighted torches, and the whole procession was wonderfully impressive. Lord Canterville was the chief mourner, having come up specially from Wales to attend the funeral, and sat in the first carriage along with little Virginia. Then came the United States Minister and his wife, then Washington and the three boys, and in the last carriage was Mrs Umney. It was generally felt that, as she had been frightened by the ghost for more than fifty years of her life, she had a right to see the last of him. A deep grave had been dug in the corner of the churchyard, just under the old yew-tree, and the service was read in the most impressive manner by the Rev. Augustus Dampier. When the ceremony was over, the servants, according to an old custom observed in the Canterville family, extinguished their torches, and, as the coffin was being lowered into the grave, Virginia stepped forward and laid on it a large cross made of white and pink almond-blossoms. As she did so, the moon came out from behind a cloud, and flooded with its silent silver the little churchyard, and from a distant copse a nightingale began to sing. She thought of the ghost's description of the Garden of Death, her eyes became dim with tears, and she hardly spoke a word during the drive home.

- **Questions**

1. *What happened after the Swallow kissed the Prince?*
2. *What was the crack inside the statue due to?*
3. *How could this be explained?*
4. *Who was the Mayor walking in the square with?*
5. *What proclamation did the Mayor decide to issue?*
6. *What did they do with the statue of the Prince?*
7. *What did the Art Professor say about it?*
8. *Why did the Mayor hold a meeting of the Corporation?*
9. *What did the Mayor suggest they should do with the metal?*
10. *What did each of the Town Councillors say?*

- **Corrigé**

1. The Swallow fell down dead at his feet.
2. It was due to the fact that the leaden heart had snapped in two.
3. It was a dreadfully hard frost.
4. The Mayor was walking in company with the Town Councillors.
5. It was the proclamation that birds were not to be allowed to die in the city.
6. They pulled down the statue.
7. He said that The Prince was no longer useful as he was no longer beautiful.
8. He held a meeting of the Corporation to decide what was to be done with the metal.
9. He suggested it should be a statue of himself.
10. Each of the Town Councillors said : « It shall be a statue of myself ».

The Duke and Duchess, after the honeymoon was over, went down to Canterville Chase, and on the day after their arrival they walked over in the afternoon to the lonely churchyard by the pine-woods. There had been a great deal of difficulty at first about the inscription on Sir Simon's tombstone, but finally it had been decided to engrave on it simply the initials of the old gentleman's name, and the verse from the library window. The Duchess had brought with her some lovely roses, which she strewed upon the grave, and after they had stood by it for some time they strolled into the ruined chancel of the old abbey. There the Duchess sat down on a fallen pillar, while her husband lay at her feet smoking a cigarette and looking up at her beautiful eyes. Suddenly he threw his cigarette away, took hold of her hand, and said to her, "Virginia, a wife should have no secrets from her husband."

"Dear Cecil! I have no secrets from you."

"Yes, you have", he answered, smiling, "you have never told me what happened to you when you were locked up with the ghost."

"I have never told any one, Cecil", said Virginia gravely.

"I know that, but you might tell me."

"Please don't ask me, Cecil. I cannot tell you. Poor Sir Simon! I owe him a great deal. Yes, don't laugh, Cecil, I really do. He made me see what Life is, and what Death signifies, and why Love is stronger than both."

The Duke rose and kissed his wife lovingly.

"You can have your secret as long as I have your heart", he murmured.

"You have always had that, Cecil."

"And you will tell our children some day, won't you?" Virginia blushed.

- **Questions**

  1. When did the Duke and Duchess go down to Canterville Chase?
  2. What did they do on the day after their arrival?
  3. What was the inscription on Sir Simon's tombstone?
  4. What had the Duchess brought with her?
  5. Where did they go afterwards?
  6. What is Virginia's secret?
  7. What did the ghost make her see?
  8. Why did Virginia blush?

- **Corrigé**

  1. They went down to Canterville Chase when their honeymoon was over.
  2. On the day after their arrival they walked over to the churchyard.
  3. There were the initials of Sir Simon, and the verse from the library window.
  4. She had brought some lovely roses.
  5. Then they went to the ruined chancel of the old abbey.
  6. She has never told what happened when she was locked up with the ghost.
  7. The ghost made her see what life is, what death signifies, and why love is stronger than life and death.
  8. She blushed because her husband said she would tell her secret to their children.

THE MODEL MILLIONAIRE

Extrait n° 1, p. 104-106

"How much does a model get for sitting?" asked Hughie, as he found himself a comfortable seat on a divan.

"A shilling an hour."

"And how much do you get for your picture, Alan ?"

"Oh, for this I get two thousand!"

"Pounds?"

"Guineas. Painters, poets, and physicians always get guineas."

"Well, I think the model should have a percentage", cried Hughie, laughing; "they work quite as hard as you do."

"Nonsense, nonsense! Why, look at the trouble of laying on the paint alone, and standing all day long at one's easel! It's all very well, Hughie, for you to talk, but I assure you that there are moments when Art almost attains to the dignity of manual labour. But you mustn't chatter; I'm very busy. Smoke a cigarette, and keep quiet."

After some time the servant came in, and told Trevor that the framemaker wanted to speak to him.

"Don't run away, Hughie", he said, as he went out, "I will be back in a moment."

The old beggar-man took advantage of Trevor's absence to rest for a moment on a wooden bench that was behind him. He looked so forlorn and wretched that Hughie could not help pitying him, and felt in his pockets to see what money he had. All he could find was a sovereign and some coppers. "Poor old fellow", he thought to himself, "he wants it more than I do, but it means no hansoms for a fortnight"; and he walked across the studio and slipped the sovereign into the beggar's hand.

The old man started, and a faint smile flitted across his withered lips. "Thank you, sir", he said, "thank you."

Then Trevor arrived, and Hughie took his leave, blushing a little at what he had done. He spent the day with Laura, got a charming scolding for his extravagance, and had to walk home.

• Questions

1. *How much does a model get for sitting?*
2. *How much will the painter get for his picture?*
3. *How does Hughie think the model should be paid?*
4. *What does Alan find difficult in painting?*
5. *What can art be compared to, as regards dignity?*
6. *Why did Trevor leave the studio?*
7. *How much did Hughie find in his pockets?*
8. *What did this money mean for him?*
9. *What did he do?*
10. *What did Laura scold him for?*

• Corrigé

1. A model gets one shilling an hour.
2. He will get 2,000 guineas.
3. He thinks the model should get a percentage.
4. It is laying on the paint and standing all day long at the easel which he finds difficult.
5. It can be compared to manual labour.
6. The framemaker wanted to speak to him.
7. He found a sovereign and some coppers.
8. To give this money would mean no hansoms for a fortnight.
9. He gave the money to the old beggar.
10. Laura scolded him for his extravagance.

"I am an unlucky devil", growled Hughie. "The best thing I can do is to go to bed; and, my dear Alan, you mustn't tell any one. I shouldn't dare show my face in the Row."

"Nonsense! It reflects the highest credit on your philanthropic spirit, Hughie. And don't run away. Have another cigarette, and you can talk about Laura as much as you like."

However, Hughie wouldn't stop, but walked home, feeling very unhappy, and leaving Alan Trevor in fits of laughter.

The next morning, as he was at breakfast, the servant brought him up a card on which was written, "Monsieur Gustave Naudin, *de la part de* M. le Baron Hausberg. I suppose he has come for an apology, said Hughie to himself; and he told the servant to show the visitor up.

An old gentleman with gold spectacles and grey hair came into the room, and said, in a slight French accent, "Have I the honour of addressing Monsieur Erskine?"

Hughie bowed.

"I have come from Baron Hausberg", he continued. "The baron—"

"I beg, sir, that you will offer him my sincerest apologies", stammered Hughie.

"The Baron", said the old gentleman with a smile, "has commissioned me to bring you this letter"; and he extended a sealed envelope.

On the outside was written, "A wedding present to Hugh Erskine and Laura Merton, from an old beggar", and inside was a cheque for £ 10,000.

When they were married Alan Trevor was the best man, and the Baron made a speech at the wedding breakfast.

"Millionaire models", remarked Alan, "are rare enough; but, by Jove, model millionaires are rarer still!"

• Questions

1. *What does Hughie think he should do?*
2. *What does he ask Alan?*
3. *What happened the next morning?*
4. *What did Hughie suppose?*
5. *What did Naudin look like ?*
6. *What was his English like?*
7. *What did he give Hughie?*
8. *What did the envelope contain?*
9. *What, as a matter of fact, was this cheque?*
10. *What was Alan's final remark?*

• Corrigé

1. Hughie thinks the best thing he can do is to go to bed.
2. He asks Alan not to tell anybody.
3. The servant brought him the card of a man sent by the Baron.
4. He supposed that he had come for an apology.
5. He was an old gentleman with gold spectacles and grey hair.
6. He spoke English with a slight French accent.
7. The man gave him a sealed envelope.
8. The envelope contained a cheque for £ 10,000.
9. The cheque was the wedding present from the old beggar.
10. Alan remarked that model millionaires are even rarer than millionaire models.

THE HAPPY PRINCE

Extrait n° 1, p. 118-122

One night there flew over the city a little Swallow. His friends had gone away to Egypt six weeks before, but he had stayed behind, for he was in love with the most beautiful Reed. He had met her early in the spring as he was flying down the river after a big yellow moth, and had been so attracted by her slender waist that he had stopped to talk to her.

"Shall I love you?" said the Swallow, who liked to come to the point at once, and the Reed made him a low bow. So he flew round and round her, touching the water with his wings, and making silver ripples. This was his courtship, and it lasted all through the summer.

"It is a ridiculous attachment", twittered the other Swallows; "she has no money, and far too many relations"; and indeed the river was quite full of Reeds. Then, when the autumn came they all flew away.

After they had gone he felt lonely, and began to tire of his lady-love. "She has no conversation", he said, "and I am afraid that she is a coquette, for she is always flirting with the wind." And certainly, whenever the wind blew, the Reed made the most graceful curtseys. "I admit that she is domestic", he continued, "but I love travelling, and my wife, consequently, should love travelling also."

"Will you come away with me?" he said finally to her, but the Reed shook her head, she was so attached to her home.

"You have been trifling with me", he cried. "I am off to the Pyramids. Good-bye!" and he flew away.

All day long he flew, and at night-time he arrived at the city. "Where shall I put up?" he said; I hope the town has made preparations.

Then he saw the statue on the tall column.

"I will put up there", he cried; "it is a fine position, with plenty of fresh air." So he alighted just between the feet of the Happy Prince.

• Questions

1. *Why had the Swallow stayed behind?*
2. *When had he met the Reed?*
3. *What had he been attracted by?*
4. *How long did the Swallow's courtship last?*
5. *Why did the other Swallows think their friend's passion was a ridiculous attachment?*
6. *Why did the Swallow tire of his passion?*
7. *Why did the Swallow think the Reed was a coquette?*
8. *Why did the Reed refuse to go with him?*
9. *What did he see when he arrived at the city?*
10. *Where did he alight?*

• Corrigé

1. He had stayed behind because he was in love.
2. He had met her early in the spring.
3. He had been attracted by her slender waist.
4. His courtship lasted all through the summer.
5. The Swallows said the Reed had no money and far too many relations.
6. He left her because she had no conversation and he thought she was a coquette.
7. He thought she was a coquette because she was always flirting with the wind.
8. She didn't want to go because she was so attached to her home.
9. He saw the statue on the tall column.
10. He alighted just between the feet of the Happy Prince.

He passed over the river, and saw the lanterns hanging to the masts of the ships. He passed over the Ghetto, and saw the old Jews bargaining with each other, and weighing out money in copper scales. At last he came to the poor house and looked in. The boy was tossing feverishly on his bed, and the mother had fallen asleep, she was so tired. In he hopped, and laid the great ruby on the table beside the woman's thimble. Then he flew gently round the bed, fanning the boy's forehead with his wings. "How cool I feel !" said the boy, "I must be getting better;" and he sank into a delicious slumber.

Then the Swallow flew back to the Happy Prince, and told him what he had done. "It is curious", he remarked, "but I feel quite warm now, although it is so cold."

"That is because you have done a good action", said the Prince. And the little Swallow began to think, and then he fell asleep. Thinking always made him sleepy.

When day broke he flew down to the river and had a bath. "What a remarkable phenomenon!" said the Professor of Ornithology as he was passing over the bridge. "A swallow in winter!" And he wrote a long letter about it to the local newspaper. Every one quoted it, it was full of so many words that they could not understand.

"Tonight I go to Egypt", said the Swallow, and he was in high spirits at the prospect. He visited all the public monuments, and sat a long time on top of the church steeple. Wherever he went the Sparrows chirruped, and said to each other, "What a distinguished stranger!" so he enjoyed himself very much.

- **Questions**

  1. *What did he see when he passed over the river?*
  2. *What were the old Jews doing when he passed over the Ghetto?*
  3. *Where did he put the ruby?*
  4. *What did he fly round the bed for?*
  5. *What did he think was curious when he was back with the Prince?*
  6. *How did the Prince explain it?*
  7. *What did the Swallow do when day broke?*
  8. *What did the Professor write a long letter about?*
  9. *What did the Swallow do afterwards?*
  10. *What did the Sparrows think he was?*

- **Corrigé**

  1. He saw the lanterns hanging to the masts of ships.
  2. They were bargaining with each other and weighing out money in copper scales.
  3. He put the ruby on the table, beside the woman's thimble.
  4. He flew round the bed to fan the boy's forehead.
  5. What was curious was that he felt quite warm although it was so cold.
  6. The Prince said that it was because he had done a good action.
  7. He flew down the river and had a bath.
  8. He wrote about a swallow in winter, which was a remarkable phenomenon.
  9. Then the Swallow visited all the public monuments.
  10. They thought he was a distinguished stranger.

And he kissed the Happy Prince on the lips, and fell down dead at his feet.

At that moment a curious crack sounded inside the statue, as if something had broken. The fact is that the leaden heart had snapped right in two. It certainly was a dreadfully hard frost.

Early the next morning the Mayor was walking in the square below in company with the Town Councillors. As they passed the column he looked up at the statue: "Dear me! how shabby the Happy Prince looks!" he said.

"How shabby, indeed!" cried the Town Councillors, who always agreed with the Mayor, and they went up to look at it.

"The ruby has fallen out of his sword, his eyes are gone, and he is golden no longer, said the Mayor; "in fact, he is little better than a beggar!"

"Little better than a beggar", said the Town Councillors.

"And here is actually a dead bird at his feet!" continued the Mayor. "We must really issue a proclamation that birds are not to be allowed to die here." And the Town Clerk made a note of the suggestion.

So they pulled down the statue of the Happy Prince. "As he is no longer beautiful he is no longer useful", said the Art Professor at the University.

Then they melted the statue in a furnace, and the Mayor held a meeting of the Corporation to decide what was to be done with the metal. "We must have another statue, of course", he said, "and it shall be a statue of myself."

"Of myself", said each of the Town Councillors, and they quarrelled. When I last heard of them they were quarrelling still.

• Questions

1. What happened four days after the incidents?
2. What did the horses carry on their heads?
3. Who was the chief mourner?
4. Where was Mrs Umney?
5. Why had she been invited to attend the funeral?
6. Where had the grave been dug?
7. What did the servants do when the ceremony was over?
8. Why did they do so?
9. What did Virginia lay on the coffin?
10. What happened at this moment?

• Corrigé

1. Four days later a funeral started from Canterville Chase.
2. The horses carried great tufts of ostrich-plumes.
3. Lord Canterville was the chief mourner.
4. Mrs Umney was in the last carriage.
5. She had been invited because she had been frightened by the ghost for more than fifty years.
6. The grave had been dug under the old yew-tree, in a corner of the churchyard.
7. The servants extinguished their torches.
8. It was an old custom observed in the Canterville family
9. She laid a large cross made of white and pink almond-blossoms.
10. The moon came out from behind a cloud and a nightingale began to sing.

INDEX

174

175

M

make-up, 52
manacles, 26
manners, 66
marble, 26
match, 92
match-girl, 134
matted, 26
meadow, 60, 78
meal, 80
means (by no), 58
medievalism, 90
meekly, 66
melancholy, 80
melt, 142
mention, 54
merchant, 136
mercy, 70
merely, 68
merry, 46
messenger, 126
miller, 126
mind, 14, 66
miserable, 104
misery, 124
mist, 34, 72
mistaken, 78
moan, 42
mode, 50
moonbeam, 28
moonlight, 64
mossy, 181
moth, 120
motionless, 28
mould, 54, 84
mourner, 86
mutter, 48, 72, 118

N

nail, 82
naughty, 48
navy, 66
neatly, 18, 54
necklace, 88
needle, 124
neighbour, 56
nerve, 48
nest, 134
nightingale, 68, 86
nightmare, 40
ninepins, 30
nodding, 84
nonsense, 20, 106
notorious, 28

O

oak, 18, 52
oath, 46, 48
oblong, 16
occasion, 48
officer, 66
oil, 26
oriel, 42, 50
outwit, 46
overcast, 18
overdraw, 110
overpower, 38
overrule, 92
overseer, 142
overture, 14
owe, 94
owl, 42

183

LANGUES POUR TOUS

Bilingue
américain
français

Raymond
Chandler

Trouble is my business

Les ennuis c'est mon problème

Bilingue
américain
français

Columbo

By Dawn's Early Light   **Aux premières lueurs de l'aube**

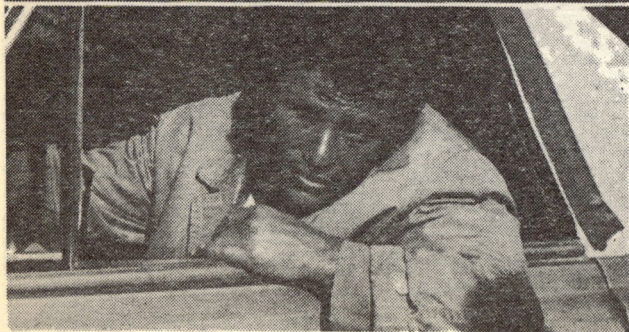

Bilingue
anglais
français

Nouvelles anglaises et américaines (1)

Roald Dahl • F. Scott Fitzgerald • Patricia Highsmith
Somerset Maugham • O'Henry • Liam O'Flaherty
Osbert Sitwell • Elizabeth Taylor • Evelyn Waugh

Achevé d'imprimer sur les presses de

BUSSIÈRE

GROUPE CPI

à Saint-Amand-Montrond (Cher)
en décembre 2001

POCKET - 12, avenue d'Italie - 75627 Paris Cedex 13
Tél. : 01-44-16-05-00

— N° d'imp. 17048. —
Dépôt légal : juin 1989.

Imprimé en France